Reclams Städteführer Potsdam

W0077703

Reclams Städteführer · Architektur und Kunst

# Potsdam

Von Karin Flegel

Reclam

Vorige Seite: Schloss Sanssouci mit Terrassenanlage und Parterre

RECLAMS UNIVERSAL-BIBLIOTHEK Nr. 14254
2022 Philipp Reclam jun. Verlag GmbH,
Siemensstraße 32, 71254 Ditzingen
Umschlagabbildung: »Potsdam, Park Sanssouci, Orangerieschloss,
Sicht zum Belvedere auf dem Klausberg« / Stiftung Preußische
Schlösser und Gärten Berlin-Brandenburg / Foto: Hans Bach –
für Besucherinformationen siehe S. 178
Hintere Umschlagklappe: oben: »Potsdam, Park Sanssouci,
Neues Palais« / Stiftung Preußische Schlösser und Gärten Berlin-
Brandenburg / Foto: Nicole Koppe; unten: Teil des Mosaiks
*Der Mensch bezwingt den Kosmos* von Fritz Eisel am ehemaligen
Rechenzentrum, CC BY-SA 3.0 / Florian Schäffer
Druck und Bindung: Eberl & Koesel GmbH & Co. KG,
Am Buchweg 1, 87452 Altusried-Krugzell
Printed in Germany 2022
RECLAM, UNIVERSAL-BIBLIOTHEK und
RECLAMS UNIVERSAL-BIBLIOTHEK sind eingetragene Marken
der Philipp Reclam jun. GmbH & Co. KG, Stuttgart
ISBN 978-3-15-014254-7
www.reclam.de

# Inhalt

# Potsdam – Paradies mit Fassade

Potsdam sei die schönere Schwester von Berlin – diese in der Stadt immer gern gehörte Aussage verkürzt gut die Beziehung zur benachbarten Metropole. Obwohl knapp ein Vierteljahrtausend älter, ist es viel kleiner als Berlin. Die Hauptstadt von Brandenburg hat über die Jahrhunderte zwar Blessuren wegstecken müssen, jedoch kaum an Charme eingebüßt. Herrscher aus Berlin erwählten sie zur Residenz und Garnison, Adel, Hof und reiches Bürgertum begehrten Villen im grünen Südwesten. Bis heute wirkt sie anziehend, die schönere Schwester mit riesigen Gebieten vom Status UNESCO-Weltkulturerbe. Die Einwohnerzahl wächst beständig und Reisende aus aller Welt kommen, um ihre Schätze zu sehen.

Der Grund für die enorme Anziehungskraft: Potsdam weckt positive, mitunter paradiesische Assoziationen durch die angenehm hügelige, waldreiche, mit Wasserflächen durchzogene Landschaft, durch das Weltkulturerbe mit Schlössern, Gärten und Kunstwerken von Weltrang. Weder der berüchtigte Geist von Preußen noch Kriegsverluste oder ideologisch oder kommerziell basierte Beschädigungen konnten der Stadt bislang nachhaltig schaden. An kaum einer anderen Stadt Ostdeutschlands ist die Geschichte ab dem Dreißigjährigen Krieg bis heute in der Architektur so lückenlos und exemplarisch ablesbar: Es gibt Spuren aus allen Epochen.

Potsdam ist in seinen städtebaulichen Dimensionen überschaubar. Die Straßen und Gebäude haben menschliches Maß, der Blick darf sich an der harmonischen Landschaft genauso erfreuen wie an bauhistorischem Detailreichtum. Doch manchmal trügt der Schein. Der goldene Schriftzug am Landtagsschloss *Ceci n'est pas un château* (»Dies ist kein Schloss«) von Annette Paul verweist seit 2013 auf etwas Unsichtbares, das sich mit den neuen Fassaden der geschundenen, reparierten Stadt verbindet. Sanierte Originale stehen neben Rekonstruktionen und sind für den Unwissenden kaum von ihnen zu unterscheiden. Im Heilungsprozess der mit dem Zweiten Weltkrieg und der nachfolgenden DDR-Zeit zugefügten Verletzungen entstehen baukulturelle Konflikte. Das Ausradieren von Architektur, und damit auch von Geschichte, begleitet die Stadt bis in die Gegenwart und erhitzt die Gemüter ebenso wie Wiederaufbau oder zeitgenössische Interpretationen.

Das historische Potsdam ist ein scheinbar ewiger Mythos, ein Wunschbild. Das Erlebnis eines solchen, mit all seinen preußischen, augenscheinlich möglichst unversehrten Bauten, bewegt große Teile der gegenwärtigen Stadtgestaltung. Da mutet es wie ein Glücksfall an, wenn nach der Rekonstruktion des Palais Barberini als Museum am Alten Markt derselbe Mäzen, der SAP-Gründer Hasso Plattner, mit dem Restaurant »Minsk« eine wichtige Ikone der DDR-Zeit vor dem Abriss rettete, um ebendort DDR-Kunst eine museale Heimstätte zu geben.

Potsdam ist vielfältig mit seiner großen Schwester Berlin verbunden. So beispielsweise durch die Wahl zur Residenz, mit dem einhergehenden Bau von Schlössern und Villen, durch den Ausbau von Bauten für die Garnison und Verkehrsverbindungen, durch die Errichtung von wissenschaftlichen Instituten außerhalb der Großstadt oder auch durch die Malaise der Erreichbarkeit von Ostberlin während der deutschen Teilung. Auch baupolitische Entscheidungen jener Zeit verdeutlichen die Beziehung: Nachdem die DDR-Regierung den Abriss des Berliner Schlosses 1950 vollziehen ließ, folgte zehn Jahre später, entgegen großen Protesten, auch die Liquidation des Potsdamer Stadtschlosses. In Westberlin reagierte man übrigens bereits auf die Absicht zur Vernichtung des (Ost-)Berliner Schlosses mit dem schnellen Wiederaufbau des völlig zerstörten Schlosses Charlottenburg. Im Jahr der politischen

Wende 1989 standen auf beiden Schlossflächen, in Ostberlin und Potsdam, jeweils neue Gebäude, dort der Palast der Republik und hier ein zu jener Zeit noch unfertiger Theaterneubau. Beide Schlösser sind inzwischen rekonstruiert, und Potsdam hat ein neues Theater an anderem Ort.

Kulturell muss sich die Stadt gerade wegen der Nähe zu Berlin behaupten und zieht gleichzeitig Vorteile daraus. Potsdam ist ein international begehrter Ort. Hochrangige Künstler und Ensembles treten auf, neben dem von Rudy Ricciotti in einem historischen Gebäude 2000 modern gebauten Nikolaisaal oder Gottfried Böhms Theater gibt es einzigartige Veranstaltungssäle und Freiflächen in den Schlossanlagen. Auch auf musealer Ebene kann sich Potsdam mit der Großstadt messen. Die Vielzahl von Schlossmuseen wird ergänzt durch weitere international bekannte Ausstellungsorte in historischen Architekturen der Innenstadt. Während das im Kutschstall befindliche Haus der Brandenburgisch-Preußischen Geschichte – anders als sein Name vermuten lässt – nur Wechselausstellungen zeigt, kann man im »Potsdam Museum – Forum für Kunst und Geschichte« im Alten Rathaus am Alten Markt in die Geschichte der Stadt eintauchen und Kunstwerke genießen.

Das Gebiet des heutigen Potsdam war sehr sumpfig, Handelsstraßen waren weit entfernt, doch befand sich hier ein Havelübergang. Zunächst slawische, später deutsche Siedler lebten von Ackerbau, Viehzucht und insbesondere vom Fischfang. Auf einer Urkunde aus dem Jahr 993 findet sich die erste Erwähnung unter dem vermutlich slawischen Namen *Poztupimi*, was möglicherweise ›unter den Eichen‹ bedeutet. Kaiser Otto III. schenkte damals den Ort an seine Tante Mathilde; sie war Äbtissin von Quedlinburg.

Die ältesten Siedlungsspuren befinden sich in den Resten einer Slawischen Burg, auf denen später die Heilig-Geist-Kir-

che entstand. Die Auseinandersetzungen im Zuge der Oster-
weiterung durch die Askanier führten 1150 zur Eroberung der
Stadt durch Albrecht den Bären, der wenig später auch Mark-
graf von Brandenburg wurde. An der Stelle des heutigen Land-
tags, des früheren Stadtschlosses, entstand vermutlich eine
Grenzburg, wie sie ab dem 12. Jh. vielerorts üblich war.

Von 1415 bis 1918 regierten die Hohenzollern und beeinfluss-
ten wesentlich auch die Entwicklung der Stadt im architek-
tonischen, landschaftlichen und künstlerischen Sinn. Durch
Grabungen beim Alten Markt ist bekannt, dass um 1600 an der
Stelle der Burg ein Schloss stand, vermutlich in Formen der
Renaissance. Es wurde für Katharina gebaut, die Ehefrau von
Kurfürst Joachim Friedrich. Auch ein früher Vorgängerbau der
heutigen Nikolaikirche trug ihren Namen: Katharinenkirche.
Im Dreißigjährigen Krieg erfuhr Potsdam wie seine weitere
Umgebung große Zerstörung durch marodierende Soldaten
aller beteiligten Parteien. Zusätzlich führten Hunger und
Krankheiten zu extremem Bevölkerungsrückgang. Kurfürst
Friedrich Wilhelm stärkte das Land ab Mitte des 17. Jh.s durch
Reformen, baute ein stehendes Heer auf und beförderte Ein-
wanderung, indem er Verfolgten Asyl bot. Das 1685 verfasste
»Edikt von Potsdam« brachte dadurch ca. 20 000 aus Frank-
reich fliehende Hugenotten nach Brandenburg, darunter gut
ausgebildete und dringend benötigte Handwerker und Künstler.

Der Kurfürst war beeinflusst durch seine Studien und Auf-
enthalte in Holland, wo Handel, Wissenschaft, Kunst und
Kultur blühten wie in kaum einem anderen Land zu dieser
Zeit. Von dort, aus dem Hause Oranien, stammte auch seine
erste Frau Luise Henriette. In Bezug auf die erwählte Nebenresidenz Potsdam schrieb der weitgereiste Johann Moritz von
Nassau Siegen 1664 an den Kurfürsten: »Das gantze Eyland
muß ein Paradis werden.« Er war als Statthalter von Kleve en-
ger Vertrauter wie Berater von Friedrich Wilhelm und selbst

ambitioniert in Architektur und Landschaftsgestaltung. In Zeiten absolutistischer Herrschaft während des Barock beeinflusste eine sparsame, calvinistische Form von Palladianismus die Bautätigkeit unter Kurfürst Friedrich Wilhelm, darunter den in Potsdam entstehenden Schlossbau. Ein Lustgarten wurde angelegt und als Zeichen von großem Wohlstand auch eine Orangerie zur Aufnahme von kostbaren südländischen Pflanzen während der kalten Jahreszeit. Erste befestigte Straßen, Alleen und Prospekte in der waldreichen Umgebung schufen Sichtbeziehungen und Verbindungen in der Landschaft, die heute noch nachzuvollziehen sind: Vom Stadtschloss aus führt eine solche (über die Breite Straße, fortgesetzt über die Feuerbachstraße) nach Golm und, im beinahe rechten Winkel von dieser Achse ausgehend, über die heutige Jägerallee zum Pfingstberg. Eine Waldschneise über die Halbinsel Hermannswerder verband die Sicht zwischen dem Stadtschloss und dem Lustschloss in Caputh. Ein anderes Lustschloss in Bornim, das nach den Quellen sehr prunkvoll ausgestattet war, wurde im 18. Jh. abgetragen, während ein weiteres in Glienicke im 19. Jh. in einem neobarocken Umbau aufging.

Genutzt wurden die Lusthäuser damals insbesondere vom Nachfolger, Kurfürst Friedrich III., der ab 1701 als erster Preußischer König einige Bauten in der Hauptresidenz Berlin wie auch in Potsdam repräsentativ verändern ließ. Die Krönung war Anlass, das Schloss in Potsdam durch Jean de Bodt mit dem Fortunaportal als Abschluss des Ehrenhofs zum Alten Markt zu ergänzen. Der Ausbau von Berlin zur Hauptresidenz hatte jedoch Vorrang, die Bevölkerungszahlen wuchsen enorm. Die Bedeutung von Potsdam nahm in hohem Maße zu, als sich Friedrich Wilhelm I. dazu entschloss, Potsdam auch zur Garnisonstadt auszubauen, nachdem er 1713 an die Macht gelangt war. Er verachtete Prunk und Verschwendung und baute das Militär in großem Maße aus. Er gab dem Adel ein

Monopol auf Offiziersstellen, verlegte verschiedene Regimenter aus dem Umland nach Potsdam und hegte eine besondere Vorliebe für große Soldaten – sie wurden auch mit rabiaten Methoden »angeworben«. Im Jahr 1713 begann die Einquartierung von 560 Soldaten in eine Stadt von ungefähr 1500 Einwohnern in ca. 200 bewohnbare Häuser. Das zeigte die Notwendigkeit eines schnellen Stadtausbaus.

Dieser war allerdings durch den feuchten und sandigen Untergrund zunächst mit Schwierigkeiten verbunden. Die drei großen Plätze von Potsdam (Bassinplatz, Platz der Einheit und Plantage) geben heute noch Zeugnis davon, denn sie blieben unbebaut. Es waren Trockenlegungsarbeiten und Pfahlgründungen vonnöten, einige Bauten versanken buchstäblich und mussten bald erneuert werden. Der schon bestehende Stadtgraben diente zunächst der Entwässerung und wurde unter Friedrich Wilhelm ausgebaut. In den beiden Stadterweiterungen der ersten Hälfte des 18. Jh.s entstanden Typenhäuser in einfacher und billiger Form, meist in Fachwerk, oft mit massiven und verputzten Fassaden und einer Giebelstube über der Mitte. Die Bürger erhielten diese Häuser zur Nutzung, aber hatten im Gegenzug bis zu sechs Soldaten in Kost und Logis aufzunehmen. Die Zunahme der Bevölkerung erforderte ebenfalls neue Kirchen. Die Bauten der Hof- und Garnisonkirche (ab 1720), der Nikolaikirche (ab 1721) und der Heilig-Geist-Kirche (ab 1726) standen in ihren damaligen barocken Formen nahezu auf einer Linie und dominierten die Stadtsilhouette. Um das Desertieren der oft gegen ihren Willen festgehaltenen Soldaten zu verhindern, baute man eine Mauer um die Stadt, mit den für Verkehr und Akzise (Verkehrssteuer) erforderlichen Stadttoren. Teile des Lustgartens am Stadtschloss verwandelte man in einen Exerzierplatz, die Orangerie wurde zum Marstall umgebaut. In der Lindenstraße entstanden das Kommandantenhaus in holländischer Ziegelbauweise sowie das Leibgarde-

Lazarett, an der Garnisonkirche in Fachwerkbauweise der Lange Stall. Im 1722 gegründeten Militärwaisenhaus, einer damals sehr fortschrittlichen Einrichtung, erzog man Jungen und Mädchen in preußischem Drill, ließ sie in verschiedenen Bereichen, u. a. der Seidenraupenzucht, arbeiten und rekrutierte aus ihren Reihen Soldaten. Wie die Bauten war auch das Leben der ganzen Stadt in seinen Gewerken auf Hof und Militär ausgelegt. Dazu zählte die Versorgung der Soldaten mit Nahrungsmitteln; es entstanden viele Brauereien und Pferdeställe. Östlich der Kanalmündung im Süden der Stadt gründete man 1722 eine Gewehrfabrik, in der neben Handfeuerwaffen auch Hieb- und Stichwaffen für die preußische Armee produziert wurden. Die dafür notwendigen Fachleute kamen aus dem belgischen Lüttich – der König stiftete für sie auf dem Gelände die erste katholische Kirche. Um Handwerker und insbesondere in der Technik von Landentwässerung erfahrenes Personal aus Holland anzuwerben, ließ Friedrich Wilhelm ein ganzes Quartier, das Holländische Viertel, errichten. Der auch als Soldatenkönig bekannte Monarch hatte scheinbar keinen besonderen Sinn für die Künste, denn er verkaufte viele Schlösser seines Vaters, entließ Künstler und Architekten und widmete seine Aufmerksamkeit vielmehr dem Aufbau seiner Leibgarde aus besonders großen Soldaten, den sogenannten »Langen Kerls«. Dennoch sammelte er kostbares Tafelsilber, betätigte sich in der Malerei, wollte in Caputh ein ungewöhnliches Kabinett aus Delfter Fayencefliesen und ließ sich ab 1730 doch noch ein kleines Jagdschloss bauen. Dass dieses in bescheidenen Dimensionen eher an ein holländisches Stadthaus erinnert, ist wohl der Nutzung geschuldet. Es diente zum Aufenthalt bei Parforce-Jagden nahe dem sternförmigen Schnittpunkt von radialsymmetrisch angelegten Wegen in einem Wald südöstlich der Stadt. Heute heißt ein ganzes Wohngebiet mit Einkaufszentrum »Am Stern«, und das Schlösschen gibt es noch.

Seine despotische Machtausübung hatte auch familiäre Folgen. Kronprinz Friedrich wollte sich dem militärischen Drill seines Vaters 1730 durch Flucht entziehen; er träumte eher von einer Vignette auf dem Höhenzug vor den Toren Potsdams, beschäftigte sich lieber mit Philosophie, Flötenspiel und Kunst als mit Schlachtenformationen. Doch das Unternehmen endete dramatisch: Sein in die Flucht eingeweihter Freund Hans Hermann von Katte wurde hingerichtet. Schließlich fügte sich Friedrich dem Willen des Vaters, heiratete Elisabeth Christine von Braunschweig-Bevern und übernahm ein Regiment in Neuruppin. Hier begann die Zusammenarbeit mit Künstlern, die Friedrich über Rheinsberg, Charlottenburg, Berlin und Potsdam begleiten sollten, unter ihnen Georg Wenzeslaus von Knobelsdorff. Nach Studien in Italien baute er für den Kronprinzen ab 1737 in Rheinsberg das Schloss um. Einige Teile dieser Anlage fanden in veränderter Form Wiederholung in den Anlagen von Sanssouci.

Nach seiner Thronbesteigung 1740 verlegte Friedrich II. seinen Sitz zunächst nach Charlottenburg, später hauptsächlich nach Potsdam. Hier entstand sein Sommerschloss Sanssouci (frz. *sans souci*, ›ohne Sorge‹) sein bevorzugter Aufenthaltsort zwischen den drei Schlesischen Kriegen und danach bis zu seinem Tod. Laut Testament wollte er auch auf den Terrassen seine letzte Ruhestätte finden. Doch bis dahin war es ein weiter Weg (siehe S. 83). Parallel zu den Bauarbeiten an Sanssouci wurde nach den Entwürfen Knobelsdorffs auch das Schloss in der Stadt erweitert und mit neuen Fassaden versehen. Einzig das Fortunaportal aus dem Krönungsjahr 1701 blieb unangetastet. Auch wenn Friedrich II. das Potsdam seines Vaters flächenmäßig nur unwesentlich erweiterte, so erfuhr die Stadt doch eine weitreichende Umgestaltung. Der kunstsinnige König ließ sich von Architekturabbildungen aus der ihm zugänglichen Literatur inspirieren. Seine Baumeister mussten viele

Karl Christian Wilhelm Baron: *Der Alte Markt in Potsdam mit Blick auf das Rathaus*, Gemälde von 1772

Fachwerkgebäude mit aufwendigen Fassaden nach diesen Vorbildern umgestalten, die je nach Erfordernis auch mal verkleinert gebaut wurden. Knobelsdorff zum Beispiel hatte die Nikolaikirche durch eine Portalfassade nach dem Vorbild von Santa Maria Maggiore von Ferdinando Fuga in Rom zu ergänzen, der Neubau des Rathauses geriet nach einem nicht verwirklichten Entwurf von Andrea Palladio (1508–1580) in Vicenza. Andere Fassaden aus der Hand Palladios, die im Zusammenhang mit dem Zweiten Weltkrieg verloren gingen, leben gegenwärtig in den Plänen von Rekonstruktionen wieder auf. Die Veränderung des Alten Markts im 18. Jh. in eine italienische Piazza oder die Aufwertung fast aller Stadttore und ganzer Straßenzüge machten Potsdam dem Eindruck nach zu einer repräsentativen Stadt. Es blieb jedoch die der Soldaten, Offiziere und Pferde.

Im Sinne seiner Peuplierungspolitik ließ Friedrich im Osten von Potsdam, in der Nähe von Neuendorf, eine Siedlung für böhmische Glaubensflüchtlinge errichten. So entstand die Weberkolonie Nowawes (böhm. ›Neues Dorf‹), die später im Ortsteil Babelsberg bzw. in Potsdam aufging und einen Grundstock für die industrielle Entwicklung des Ortes legte.

Friedrich führte, im Gegensatz zu seinem Vater, mit dessen Heer Kriege, drei, um genau zu sein. Ihr Ausgang beeinflusste die Geschichte Europas bis ins 20. Jh. In Potsdam frönte er den Künsten, in Sanssouci umgab er sich mit Männern, mit denen er musizierte, die ihn inspirierten und berieten, unter ihnen der Philosoph Voltaire. Der Park erfuhr beständig weitere Ergänzung durch Architekturen, wie die Bildergalerie, das Chinesische Haus, den Antikentempel für die Aufnahme einer erworbenen Kunstsammlung oder als axiales Gegenstück dazu den Freundschaftstempel als Erinnerung an Friedrichs 1758 verstorbene Lieblingsschwester Wilhelmine von Bayreuth.

Sanssouci war zwar Friedrichs Lieblingsschloss, jedoch mit seinen nur fünf Wohnräumen außergewöhnlich bescheiden für einen absolutistischen Herrscher. Nach dem Ende des Siebenjährigen Krieges ab 1763 war es also Zeit für eine repräsentative Aufwertung der Parkanlage durch das Neue Palais. Der König selbst nannte es eine »Fanfaronade«, eine Prahlerei, die große Gästewohnungen bereithielt. Er hatte für sie aber nur so lange wirkliches Interesse, wie sie sich im Bau befand (bis 1769). Viel lieber sollten seine Gäste im nahen Umfeld wohnen, in den Neuen Kammern, einer ab 1771 zum Gästehaus umgebauten Orangerie westlich von Schloss Sanssouci. Unweit davon, auf den Höhen des Weinberges, entstanden mit dem Drachenhaus eine weitere Chinoiserie, gedacht als Wohnhaus für den Winzer, sowie als Abschluss des Höhenzuges im Westen das Belvedere auf dem Klausberg.

Als Friedrich der Große 1786 inmitten seines friderizianischen Rokokos starb, hatte ringsum in Europa bereits ein neues Zeitalter begonnen: der Klassizismus im Einklang mit der englischen Gartenkunst. Sein ihm auf dem Thron folgender Neffe, Friedrich Wilhelm II., hatte durch langjährige Kontakte zu Leopold III. Friedrich Franz von Anhalt-Dessau großes Interesse an den modernen Strömungen. Er berief daher mit dem Architekten Friedrich Wilhelm von Erdmannsdorff und dem Gartengestalter Johann August Eyserbeck zwei Wörlitzer Künstler an den Potsdamer Hof. Gleichzeitig begann er mit der Verklärung seines Onkels und stellte dessen Erbe unter besonderen Schutz. Einzig das Arbeitszimmer von Friedrich und kleinere Gartenpartien ließ er von den Wörlitzer Künstlern klassizistisch umgestalten. Im Bereich der Potsdamer Stadt wurde der Kutschstall am Neuen Markt vollendet, es entstanden die Alte Wache, das Theater am Kanal und die sogenannte »Schauspielerkaserne« in dessen Nähe. Inzwischen hatte der neue König genügend Grund erworben, um sich ab 1787 einen Neuen Garten nordwestlich des Heiligen Sees anzulegen. In den nur elf Jahren seiner Herrschaft, während derer sich in Frankreich die bürgerliche Revolution vollzog, schuf er dort eine kleine »Enzyklopädie« der Weltarchitektur. Neben der Errichtung des modernen Marmorpalais im frühklassizistischen Stil und dem Holländischen Etablissement zitierte er gotische, römische, ägyptische, orientalische und chinesische Formen. Neben Architekten der friderizianischen Zeit schuf nun der aus Schlesien stammende Carl Gotthard Langhans viele dieser Kleinarchitekturen und die Innenausstattung des Marmorpalais und des Palais Lichtenau sowie zur selben Zeit in Berlin das Brandenburger Tor. Die aktuell im Land gebauten Chausseen als befestigte Verkehrsverbindungen fanden symbolischen Ausdruck in der geraden Verbindung vom Eingang zum Schloss, während der Rest des Parks sich scheinbar als natürliche Landschaft mit geschwungenen Wegen, Wasser und weiten Blicken als Gegensatz zum barocken Lustgarten zeigte.

Als der legitime Sohn Friedrich Wilhelm III. im Jahr 1797 die Regierung antrat, hatte durch seine Liebesheirat mit Luise von Mecklenburg-Strelitz bürgerliches Familienidyll den Hof erreicht. Die Niederlage Preußens gegen Napoleon in der Schlacht bei Jena-Auerstedt 1806, die anschließende französische Besatzungszeit und der erzwungene Feldzug gegen Russland brachten für das Baugeschehen in Potsdam bis zum Wiener Kongress einen gewissen Stillstand. Zwar findet sich das Erstlingswerk des noch jungen Karl Friedrich Schinkel in den Formen eines kleinen ionischen Tempels auf dem Pfingstberg, doch sein Wirken in Potsdam setzte erst 1829 ein, für den architektonisch ambitionierten Kronprinzen Friedrich Wilhelm (IV.) in Charlottenhof: Beide schufen, zusammen mit dem aus Bonn stammenden Peter Joseph Lenné, südlich von Sanssouci eine der bedeutendsten Anlagen des Klassizismus. Friedrich Wilhelms Brüder, die Prinzen Wilhelm und Carl, erhielten Sommerschlösser in Babelsberg und Glienicke, ebenfalls nach Entwürfen Schinkels. Die bereits 1795 abgebrannte Nikolaikirche am Alten Markt wurde 35 Jahre später durch einen von Schinkel entworfenen Neubau ersetzt, allerdings aus Kostengründen nur mit Satteldach.

In der Regierungszeit des italophilen Friedrich Wilhelm IV., des »Romantikers auf dem Thron«, erhielt die Kirche dann durch Ludwig Persius nicht nur ihre Kuppel, auch das Bild der Stadt Potsdam veränderte sich stark. Persius, dem selbst nur noch fünf Jahre blieben, hat in Schinkels Nachfolge ab 1841 mit dem Titel »Architekt des Königs« in Potsdams Architektur eine sehr individuelle Entwurfshandschrift hinterlassen. Dazu gehört das Pumpenhaus in den Formen einer Moschee an der Havelbucht, mit dessen Dampfmaschine aus dem Hause Borsig Preußen die Unabhängigkeit von England zur Schau stellte.

Die Industrialisierung war auch in Potsdam angekommen. So verband 1838 die erste Eisenbahn die Stadt mit Berlin, Persius musste Fabriken und Speichergebäude in mittelalterliche Formen kleiden sowie erste bürgerliche Villen im italienischen Stil bauen. Wie ein Schiff am Wasser liegt die von der Glienicker Brücke sichtbare Heilandskirche am bewaldeten Ufer von Sacrow. Wenig später folgte ihr in den Formen einer frühchristlichen Basilika der Bau der Friedenskirche von Sanssouci, sich ebenfalls in einem – extra angelegten – Wasser spiegelnd. Viele Entwürfe Persius' projizieren Italiensehnsucht. Von seiner einzigen Reise in das südliche Land kehrte er 1845 krank zurück; er starb wenige Wochen nach seiner Ankunft. Weitere Schinkel-Schüler wie August Stüler, Ludwig Ferdinand Hesse oder Ferdinand von Arnim übernahmen nun parallel die wachsende Zahl königlicher und inzwischen auch viele bürgerliche Bauaufträge.

Während der jüngere Bruder, Kronprinz Wilhelm (I.), gegen die Aufständischen der bürgerlichen Revolution 1848 in Berlin und Baden ausrücken musste, widmete der König sich lieber seinen architektonischen Traumphantasien. So blieb von einem riesigen Triumphstraßenprojekt entlang des Höhenzuges von Sanssouci fast einzig das große Orangerieschloss übrig. In Konkurrenz zu diesem Vorhaben entstand Mitte des 19. Jh.s gleichzeitig das auch mit einer Doppelturmanlage versehene, etwas größenwahnsinnig wirkende Belvedere auf dem Pfingstberg, einzig damit man von hier den Blick genießen konnte. Es wurde jedoch nicht vollendet.

Nach dem Tod des Königs 1861 wurde der schon unter Friedrich Wilhelm I. gegründete Immediatbaufonds aufgelöst. Mit diesen Mitteln war es dem König möglich gewesen, die Gestaltung von Bauwerken zu beeinflussen, wovon Friedrich Wilhelm IV. besonderen Gebrauch gemacht hatte. Sein Bruder und Nachfolger Wilhelm I. hingegen hatte wieder mehr Sinn für das Militär. Mit dem Ende des Deutsch-Französischen Krieges 1871 wurde er schließlich Kaiser.

Wie Schinkel die Stile von Gotik und Antike bevorzugte, erlangten zunehmend auch andere vergangene Bauepochen eine Wiedergeburt. Das Zeitalter des Historismus bestimmte ab der zweiten Hälfte des 19. Jh.s die Architektur auch in Potsdam. Gebäude für Verkehr und Verwaltung, Schulen, Militär, Kirchen und Bürgerhäuser erhielten Fassaden in den Neoformen von Renaissance, Barock und Klassizismus oder in überbordenden eklektizistischen Mischungen. Da muten die ab 1874 gebauten, sparsam mit einem Sternenfries verzierten, gelb-rot geziegelten Wissenschaftsgebäude auf dem Telegraphenberg schon wie schmucklose Außenseiter an, bei denen die Funktionalität die Hauptrolle spielte: Die ungünstigen Bedingungen der Großstadt Berlin mit Licht- und Luftverschmutzung führten dazu, dass man wissenschaftliche Beobachtungen des Sternenhimmels nach Potsdam verlagerte, das zudem durch die Eisenbahn gut zu erreichen war. Im Vergleich zu Berlin sahen Bevölkerungsentwicklung und Ansiedlung von Industrie in Potsdam eher bescheiden aus. Dennoch änderte sich viel: Zum Beispiel zog die einst unter Friedrich II. gegründete Kolonie für böhmische Weber in Nowawes nun weitere Textilfabrikation an. Unter anderen gab es Fabriken für Schuhe, Schallplatten und Lokomotiven, und auf dem Gelände einer Kunstblumenfabrik entwickelte sich 1911 mit der Deutschen Biscop-Gesellschaft, aus der später die Ufa und die DEFA hervorgingen, einer der bedeutendsten Standorte der Filmindustrie. An der Pirschheide wurde 1912 unter der Leitung von Graf Zeppelin zudem die größte Halle Deutschlands zur Produktion von Luftschiffen errichtet. Wohnsiedlungen für Arbeiter und Angestellte entstanden. Hohe Beamte, Adlige, Militärangehörige und Hofangestellte bezogen repräsentative Mietwohnungen, manche Industrielle, Bankiers und Kaufleute eine Villa in der Nauener oder Berliner Vorstadt. Südwestlich von Berlin am Griebnitzsee entwickelten die Architekten Wilhelm Böckmann und Hermann Ende ab 1871 für wohlhabende Berliner und Potsdamer das neue Siedlungsgebiet Neubabelsberg, das durch bekannte Bewohner mit Beziehung zur Filmproduktion und 1945 durch das Potsdamer Abkommen Weltruhm erlangte.

Potsdam war im Kaiserreich immer weniger Residenz, doch die Garnison bestimmte nach wie vor das gesamte Leben der Stadt. Es entstanden vor allem neue Kasernenanlagen, wie die in der Saarmunder Straße (heute Heinrich-Mann-Allee) gebaute Kadettenanstalt (heute Landesregierung). Weithin sichtbar erhielt die Kuppe des Brauhausberges nach dem Willen Kaiser Wilhelms II. und den Entwürfen von Franz Heinrich Schwechten eine berühmte Kriegsschule, die nach mehreren Umbauten später als Reichsarchiv, SED-Bezirksleitung und Brandenburger Landtag diente. Im Bereich des Neuen Gartens baute Paul Schulze-Naumburg 1913–17 für den Kronprinzen Cecilienhof, das letzte Schloss der Hohenzollern in Potsdam.

Die in anderen Städten wesentlich präsenter erscheinenden Strömungen von Reformarchitektur und Moderne blieben in Potsdam eher die Ausnahme. Dennoch finden sich Werke u. a. von Architekten wie Hermann Muthesius, Alfred Grenander oder Mies van der Rohe. Dessen Erstlingswerk, das Haus Riehl, entstand 1907, zwei weitere, die Villen Urbig und Mosler, folgten. Peter Behrens betrieb ab 1907 mit dem Erdmannshof in der Rote-Kreuz-Straße ein Architekturbüro, in dem neben Ludwig Mies van der Rohe u. a. Walter Gropius, Adolf Meyer und Le Corbusier arbeiteten.

Schon im Ersten Weltkrieg zeichnete Erich Mendelsohn die ersten Skizzen für den Einsteinturm. 1924 konnte er als Observatorium zur Beweisführung der Relativitätstheorie in Betrieb gehen und von da ab als Ikone des Expressionismus Eingang in die Architekturgeschichte finden. Ungeachtet Albert Einsteins großer Bedeutung: Mit der Machtergreifung der Nationalsozialisten wurde sein Name aus der Turmbezeichnung getilgt.

Über den »Tag von Potsdam« ist die Stadt auf fatale Weise mit einem historischen Ereignis verbunden. In der Garnisonkirche traf Adolf Hitler aus Anlass der Eröffnung des Reichstages am 21. März 1933 mit dem Reichspräsidenten Paul von Hindenburg zusammen. Die Novemberpogrome 1938 zerstörten auch die Potsdamer Synagoge. Die unmittelbare Wirkung des Krieges durch Bomben allerdings bekam Potsdam erst drei Wochen vor dessen Ende zu spüren: In der Nacht des 14. April 1945 wurde insbesondere die Innenstadt stark zerstört. Die Einnahme durch die Rote Armee wenige Tage später brachte weitere Schäden. Auch die Bevölkerungsstruktur änderte sich mit und nach dem Krieg: Mehrere Tausend verloren ihr Leben, der größte Teil von Adel, Militär und Beamtenschaft verließ bis zur Grenzschließung 1961 die Stadt, und Menschen aus anderen Regionen der 1949 gegründeten DDR siedelten nach Potsdam über.

In den ersten Jahren nach dem Krieg gab es Bestrebungen einer behutsamen und an den Originalen orientierten Stadtreparatur unter Beibehaltung des historischen Stadtgrundrisses, wie man an der Wiederherstellung z. B. der Wilhelm-Staab-Straße sehen kann. Doch dann folgten mehrfach Kursänderungen mit vielen nicht verwirklichten Plänen. Diese sahen vor, Potsdams Innenstadt unter schweren Eingriffen mit großen Plätzen und Punkthochhäusern, wie den Hotelbau am Lustgarten, zu einer Sozialistischen Großstadt umzugestalten. Insbesondere zwischen Nikolai- und Heilig-Geist-Kirche wurde der Stadtteil durch den Abriss ganzer Karrees und Straßenzüge und den Neubau von großen Wohnblöcken verändert. Nach langen Auseinandersetzungen zwischen der DDR-Führung und Kunst-

wie Architekturexperten kam es ab 1959 aus ideologischen Gründen zum Abriss des während des Bombenangriffs ausgebrannten, beschädigten Stadtschlosses. Auch die Garnisonkirche fiel denselben Gründen 1968 zum Opfer. Beide Gebäude sollten als Zeichen des preußischen Militarismus aus dem Bild der Stadt weichen und Platz für neue Gebäude und breitere Straßen schaffen. Wie in ganz Europa geschehen, veränderte sich die Stadt in den 1970er Jahren wesentlich in Grundstruktur und landschaftlicher Silhouette. Mit Stolz präsentierte Plattenbauten verstellten die seit Jahrhunderten bestehenden Sichtbeziehungen. Das Baugeschehen in vierzig Jahren DDR brachte zur Lösung der Wohnungsnot neben seriellem Wohnungsbau in Betonteilen – vor allem in den Außenbezirken – auch manch bemerkenswerte Architektur hervor. Dazu gehörten der Bahnhof Potsdam Süd (1958, ab 1961 Hauptbahnhof, heute Pirschheide), die alte Schwimmhalle (1969, abgerissen) und das Terrassenrestaurant »Minsk« auf dem Brauhausberg (1971–77, heute Museum für DDR-Kunst), das Institut für Lehrerbildung am Alten Markt (1970–74, abgerissen) und das noch existierende Restaurant »Seerose« in der Havelbucht (1982/83).

Ökonomische Zwänge unter volkseigener Wirtschaft und Verwaltung sowie der Mangel an Materialien und Handwerksbetrieben führten zu Sanierungsstau und weiträumigem Leerstand in der Innenstadt. Noch 1988 begann man in der nördlichen Zweiten Barocken Stadterweiterung mit dem Abriss eines ganzen Straßenzuges, dem neue Häuser in Großblockbauweise für Wohnraum der Staatssicherheit folgen sollten. Bürgerinitiativen konnten das Projekt noch vor dem Mauerfall stoppen. Der Wiederaufbau geschah dann erst innerhalb eines umfänglichen Sanierungsprogramms nach 1990. In viele kaputte, traurig-triste Häuser zog in den 90er Jahren das grellbunte Leben der Hausbesetzer ein, die die Häuser durch Nutzung zwar vor dem endgültigen Verfall bewahrten, jedoch auch Konflikte brachten. Nicht nur städtische und private Sanierungen bestimmten den Wandel in den letzten drei Jahrzehnten, sondern auch der erneute Abriss von Zeugnissen aus vierzig Jahren deutscher Geschichte. Die bis heute anhaltende Bautätigkeit führte zu großer innerstädtischer Verdichtung, ganze Stadtgebiete wurden modernisiert, und große Einzelbauten entstanden, z. B. die Bahnhofspassagen, der Landtag, das Museum Barberini, wissenschaftliche Institute, die Filmuniversität oder die Investitionsbank. Zwar waren mit der Sanierung von innerstädtischer Altbausubstanz Auflagen verbunden, die eine Erhaltung der Bevölkerungsstruktur zum Ziel hatten, jedoch führte nach Ablauf der Fristen auch in Potsdam Gentrifizierung zu einem erneuten Bevölkerungsaustausch. Alteigentümer kehrten zurück, Mieten und Grundstückspreise machen Potsdam einmal mehr zum Ort von Pensionären, von betuchten Unternehmern und Prominenten.

Auch vor diesem Hintergrund muss man den Antrieb sehen, in Potsdam die alte Pracht der preußischen Bauten einer barocken Stadt mit romantisch-italienischem Flair wiedererstehen zu lassen. Potsdam besticht noch immer durch seine landschaftlich paradiesische Lage und durch die Wirkung von Harmonie und Proportion in der Baukunst, in denen der preußische Mythos ein wenig fortlebt. Aber diese kleine Schwester von Berlin ist auch eine sehenswerte, moderne Stadt mit noch ablesbaren Brüchen und Visionen, mit hoher Lebensqualität und vielen guten Aussichten – im wahrsten Sinne des Wortes.

# Stadtgeschichte in Daten

| | |
|---|---|
| 6./7. Jh. | erste slawische Besiedlung und Burganlage gegenüber der Nuthemündung |
| 3. 7. 993 | erste Erwähnung als »Poztupimi« auf einer Schenkungsurkunde des späteren Kaisers Otto III. an das Stift Quedlinburg |
| 1157 | Eroberung durch Albrecht den Bären; darauf Entstehung einer Turmburg am Havelübergang |
| 1345 | Stadtrecht |
| 1415 | Mit Friedrich I., Burggraf von Nürnberg, beginnt die Herrschaft der Hohenzollern. |
| 1539 | Unter Joachim II. wird Brandenburg protestantisch. |
| 1618–48 | Der Dreißigjährige Krieg verwüstet und entvölkert Potsdam; am Ende leben hier nur noch ca. 700 Menschen. |
| 1660 | Kurfürst Friedrich Wilhelm erwählt Potsdam zu seiner Nebenresidenz neben Berlin und beginnt den Ausbau der Stadt. |
| um 1680 | Johannes Kunckel betreibt in kürfürstlichen Diensten mehrere Stätten der Kristall- und Rubinglasherstellung in Potsdam und auf der Pfaueninsel. |
| 29. 10. 1685 | Mit dem »Edikt von Potsdam« erhalten die in Frankreich verfolgten Hugenotten die Möglichkeit, in Brandenburg einzuwandern, sowie einige Privilegien. |
| 9. 5. 1688 | Mit dem Tod des »Großen Kurfürsten« (wie Friedrich Wilhelm seit der erfolgreichen Schlacht gegen die Schweden 1675 auch genannt wurde) kommt sein Sohn Friedrich an die Macht. |
| 18. 1. 1701 | Kurfürst Friedrich III. krönt sich selbst in |

| | |
|---|---|
| | Königsberg zum König im Herzogtum Preußen (Friedrich I.). |
| 1709 | In Potsdam treffen sich drei Könige: August der Starke von Sachsen, Friedrich IV. von Dänemark und Friedrich I. Anlass ist das Geschehen um den Nordischen Krieg gegen die Schweden. |
| 1713 | Am 25. Februar tritt König Friedrich Wilhelm I. die Nachfolge seines Vaters an und erbt einen völlig überschuldeten Staat. Im Sommer werden die ersten Soldaten aus dem Umland in die Stadt einquartiert; Potsdam wird zur Garnisonstadt. |
| 1718 | Begradigung des Kanals |
| 1722–24 | erste barocke Stadterweiterung |
| 1730–32 | Mit dem Jagdschloss Stern entsteht das einzige Schloss unter Friedrich Wilhelm I. |
| 1733–42 | erneute Ausdehnung von Potsdam nach Norden (zweite barocke Stadterweiterung), Bau des Holländischen Viertels |
| 1740–42 | Friedrich II. wird König und erobert Schlesien. |
| 1744/45 | Zweiter Schlesischer Krieg; die Terrassen von Sanssouci werden angelegt. |
| 1745–47 | Schloss Sanssouci wird gebaut; parallel dazu Umbauten am Stadtschloss. |
| Mitte 18. Jh. | repräsentativer Ausbau Potsdams nach europäischen Vorbildern |
| 1760er Jahre | Blütezeit der Seidenraupenzucht und Anlage von Maulbeerplantagen |
| 1763–69 | nach dem Ende des Siebenjährigen Krieges Bau des Neuen Palais |
| 1767 | Weihe der ersten Synagoge |
| 1770er Jahre | Der Schlosspark Sanssouci erhält die Neuen Kammern und weitere Architekturen. |

| | |
|---|---|
| 17. 8. 1786 | Friedrich II. stirbt in Sanssouci; sein Neffe wird als Friedrich Wilhelm II. sein Nachfolger. |
| 1787–96 | Anlage des Neuen Gartens mit seinen Bauten |
| ab 1788 | Bau einer Chaussee zwischen Potsdam und Berlin |
| 7. 10. 1795 | Eröffnung des Schauspielhauses |
| 16. 11. 1797 | Nach dem Tod von Friedrich Wilhelm II. wird der legitime Sohn als Friedrich Wilhelm III. preußischer König. |
| 1801 | Der 19-jährige Karl Friedrich Schinkel baut auf dem Pfingstberg in privatem Auftrag ein kleines Gebäude in Tempelform. |
| 24. 10. 1806 | Napoleon trifft in Potsdam ein; ca. 6000 französische Soldaten werden einquartiert; es folgen zwei Jahre Besatzung. |
| 1816 | Peter Joseph Lenné kommt aus Bonn und tritt eine Stelle als Gärtnergeselle an. |
| 1825 | Hinter der Glienicker Brücke beginnt der Bau der Schlossanlage für Prinz Carl. |
| 1826/27 | Anlässlich des Todes von Zar Alexander entsteht die Russische Kolonie Alexandrowka. |
| 1826–29 | Die Anlagen von Charlottenhof entstehen für Kronprinz Friedrich Wilhelm (IV.) und seine Gattin Elisabeth. |
| 1830–37 | Bau der neuen Nikolaikirche nach Schinkel, jedoch vorerst ohne Kuppel |
| 1832 | Die Preußische optische Telegraphenlinie zwischen Berlin und Koblenz eröffnet in Potsdam ihre vierte von insgesamt 62 Stationen. |
| 1833–35 | Auf dem Babelsberg entsteht der Sommersitz für Prinz Wilhelm (I.) und seine Gattin Augusta. |
| 29. 10. 1838 | Fahrt der ersten preußischen Eisenbahn von Berlin nach Potsdam |

| 1840 | Am 7. Juni wird Friedrich Wilhelm IV., der »Romantiker auf dem Thron«, König; er verändert Potsdams Erscheinungsbild erheblich. |
| 1842 | Eine in Preußen hergestellte Dampfmaschine zur Bewässerung der Fontänenanlagen in Sanssouci wird in Betrieb genommen (in einem Gebäude in den Formen einer Moschee). |
| 1843–50 | Umbau der Nikolaikirche zur Aufnahme der Kuppel |
| 1845–48 | Am Marlygarten von Sanssouci entsteht das Ensemble der Friedenskirche. |
| 1847–52 | erster Bauabschnitt für ein nach den Plänen nie wirklich vollendetes Belvedere auf dem Pfingstberg |
| 5. 12. 1848 | Preußen wird konstitutionelle Monarchie und erhält eine Verfassung. |
| 1851–60 | Auf dem Höhenzug westlich von Sanssouci entsteht ein großes Orangerieschloss. |
| 2. 1. 1861 | Nach dem Tod Friedrich Wilhelms IV. wird dessen Bruder Wilhelm I. Nachfolger. |
| 1862 | Otto von Bismarck wird preußischer Ministerpräsident. |
| 1863–67 | In Klein-Glienicke baut man nach Entwürfen von Ferdinand von Arnim für Prinz Carl zehn Häuser im Schweizer Stil. |
| 1867 | Kronprinz Friedrich (III.) erhält das Krongut Bornstedt. |
| 1867–70 | Errichtung der katholischen Kirche St. Peter und Paul am Bassinplatz |
| 18. 1. 1871 | Der Regent wird infolge des Deutsch-Französischen Krieges in Versailles zum Kaiser Wilhelm I. gekrönt. |
| ab 1874 | Mit dem Bau des Astrophysikalischen Obser- |

vatoriums auf dem Telegraphenberg beginnt die
Zeit der Etablierung bedeutender wissenschaft-
licher Institute mit Weltrang.

ab 1880    In Potsdam entstehen viele neue Kasernen-
           gebäude und Militäranlagen.

1888       Im sogenannten »Dreikaiserjahr« folgen dem
           verstorbenen Wilhelm I. dessen schon schwer an
           Krebs erkrankter Sohn Friedrich III. und 99 Tage
           später der Enkel Wilhelm II. als Regenten nach.

1892       An der Schwanenallee entsteht die kaiserliche
           Matrosenstation Kongsnæs.

1897       Adolf Slaby führt zwischen der kaiserlichen
           Matrosenstation und dem Turm der Heilands-
           kirche Sacrow die ersten drahtlosen Funkver-
           suche Deutschlands durch.

Orangerieschloss

| ab 1900 | Bau des Teltowkanals (38 km zwischen Glienicker Lake und Köpenick) |
|---|---|
| 1902 | Nach dem Wunsch des Kaisers und Plänen von Franz Heinrich Schwechten wird auf dem Brauhausberg eine Kriegsschule errichtet. |
| 1906 | Die einst von Schinkel gebaute Glienicker Brücke wird durch eine stählerne Hängekonstruktion ersetzt. |
| 1907 | In Potsdam fahren nun elektrische Straßenbahnen anstatt von Pferden gezogenen. |
| 1910 | Für die von Graf Zeppelin geplante Produktion von Luftschiffen wird am Templiner See Deutschlands größte Luftschiffhalle gebaut. |
| ab 1912 | Produktion von Filmen in Babelsberg |
| 1913 | Anlässlich des 25-jährigen Thronjubiläums Wilhelms II. erhält das Orangerieschloss von Sanssouci eine aufwendige Terrassenanlage. |
| 1913–17 | Bau von Schloss Cecilienhof für den Kronprinzen Wilhelm und dessen Frau Cecilie im Neuen Garten |
| 31. 7. 1914 | Kaiser Wilhelm II. unterzeichnet im Neuen Palais die Kriegserklärung zum Ersten Weltkrieg. |
| 1918 | Ende von Krieg und Monarchie; der Kaiser geht ins Exil ins holländische Doorn. |
| 1919–22 | Bau des expressionistischen Einsteinturms von Erich Mendelsohn |
| 1926 | Der größte Teil des Vermögens der Hohenzollern geht in Staatseigentum über. |
| 21. 3. 1933 | Reichskanzler Adolf Hitler setzt im Zusammentreffen mit Reichspräsident Paul von Hindenburg in der Garnisonkirche den Nationalsozialismus medial in Szene (»Tag von Potsdam«). |
| 9. 11. 1938 | Zerstörung der Inneneinrichtung der Synagoge am Wilhelmplatz |

| | |
|---|---|
| 1938–43 | Errichtung des Präsidialgebäudes des Deutschen Roten Kreuzes |
| 1945 | Am 14. April kommen etwa 1600 Menschen bei Bombardierungen ums Leben; Bereiche der Stadt werden zerstört. Am 27. April wird Potsdam von der Roten Armee eingenommen. Am 2. August unterzeichnen die Siegermächte Sowjetunion, Großbritannien und USA im Schloss Cecilienhof das Potsdamer Abkommen. |
| 17. 5. 1946 | Gründung der DEFA in den Studios von Babelsberg |
| ab 1950 | Beginn von Stadtsanierung und großflächigen Abrissen historischer Substanz und Umbau von Potsdam zur Sozialistischen Bezirksstadt mit breiten Straßen, großen Plätzen und Gebäuden in DDR-Architektur |
| 1952–1990 | Potsdam ist Verwaltungssitz des Bezirks Potsdam. |
| 1960 | Abriss des Potsdamer Stadtschlosses. Der Bahnhof Pirschheide wird wegen der Grenzziehung zum Hauptbahnhof erklärt; der gesamte Personenverkehr wird dort abgewickelt. |
| ab 13. 8. 1961 | Mit dem Bau der Mauer liegt Potsdam an Grenzanlagen zu Westberlin. Die Glienicker Brücke ist von nun an (und bis 1989) nicht passierbar, jedoch Austauschort für Agenten des Kalten Krieges. |
| 1967 | An der Havel am Lustgarten entsteht das »Interhotel« mit 17 Etagen und auf dem Brauhausberg die alte Schwimmhalle. |
| 1968 | Abriss der ausgebrannten Ruine der Garnisonkirche und an ihrer Stelle wenig später Bau eines Rechenzentrums in Plattenbauweise |

| | |
|---|---|
| 1970er Jahre | In den Außenbereichen von Potsdam finden viele Potsdamer neue Wohnungen in Plattenbauten. |
| 1977 | Auf dem Brauhausberg kann endlich das noble Terrassenrestaurant »Minsk« eröffnet werden. |
| 1987 | Gründung einer Bürgerinitiative zur Rettung der Außenanlagen des Belvedere auf dem Pfingstberg |
| ab 1988 | erneuter großflächiger Abriss von historischen Häusern in der Potsdamer Altstadt |
| 10. 11. 1989 | Eröffnung der Glienicker Brücke (am Tag nach dem Mauerfall) |
| 1990 | Nach der Wiedervereinigung wird Potsdam Landeshauptstadt des Landes Brandenburg. |
| ab 1990er Jahre | Umfassende Sanierung der barocken Innenstadt durch den Sanierungsträger und Umsetzung der Sanierungsprogramme für Wohngebiete; 1990, 1992 und 1999 werden große Teile der Kulturlandschaft in die Welterbeliste der UNESCO aufgenommen. |
| 1991–2014 | Das demokratisch gewählte Parlament tagt in den Räumen der vormaligen SED-Bezirksleitung auf dem Brauhausberg. |
| 1992 | Wiederaufnahme des S-Bahnverkehrs nach Berlin; Abriss des auf dem Alten Markt schon im Rohbau fertiggestellten, zur Zeit der DDR geplanten Theaters |
| 3. 7. 1993 | Tausendjahrfeier |
| 1999 | Mit großen Neubauten und Einkaufspassagen wird der Bahnhof im Stadtzentrum wieder als Hauptbahnhof eröffnet. |

| | |
|---|---|
| 2001 | Bundesgartenschau mit Bau der Biosphärenhalle; Wiedereröffnung des aus Spenden sanierten Belvedere auf dem Pfingstberg |
| 2002 | Einweihung des durch Spenden von Günther Jauch rekonstruierten Fortunaportals auf dem Alten Markt (Anlass für den Wiederaufbau des Stadtschlosses) |
| 22. 9. 2006 | Eröffnung des Neubaus des Hans-Otto-Theaters am Havelstandort |
| 2013–16 | Rekonstruktion des Palastes Barberini am Alten Markt als privates Kunstmuseum durch Spenden von Hasso Plattner |
| 2014 | Eröffnung des rekonstruierten Stadtschlosses als Landtagsgebäude |
| 2017 | Beginn des Abrisses der ehemaligen Fachhochschule am Alten Markt, eines bedeutenden DDR-Baus; Eröffnung des Spaßbads »blu«; Beginn des Wiederaufbaus des Turmes der Garnisonkirche |
| 2020 | Beginn der Bauarbeiten zu Wiederherstellung der Potsdamer Mitte zwischen Nikolaikirche und Platz der Einheit; Beginn der Umbauarbeiten am Restaurant »Minsk« zu einem privaten Museum für Kunst der DDR von Hasso Plattner |
| 8. 11. 2021 | Grundsteinlegung für den Bau der Synagoge Potsdam |

# Kulturkalender

| | |
|---|---|
| **April** | Tulpenfest im Holländischen Viertel (ein Wochenende; www.potsdam-tulpenfest.de) Gedenkveranstaltungen zum Bombenangriff am 14. 4. 1945 |
| **Mai** | Sehsüchte: Filmfestival von Studierenden der Filmuniversität (fünf Tage; www.sehsuechte.de) Aktion Offene Gärten (verschiedene Wochenenden; www.urania-potsdam.de/seite/304694/offene-gärten.html) Potsdamer Tag der Wissenschaften (www.ptdw.de) |
| **Juni** | Intersonanzen: Festival Neuer Musik (eine Woche; verschiedene Orte; www.neue-musik-brandenburg.de) Stadt für eine Nacht: Kulturfest (www.potsdam.de/event/stadt-fuer-eine-nacht-3) Musikfestspiele: internationale Konzerte klassischer Musik (zwei Wochen; an verschiedenen Orten; www.musikfestspiele-potsdam.de) Fête de la musique (21. Juni; www.fete-potsdam.de) |
| **Juni – September** | Stadtwerkefest: Musikveranstaltungen von Rock über Pop bis Klassik (ein Wochenende im Juni, Juli oder August; www.swp-potsdam.de/stadtwerkefest.de) Internationaler Orgelsommer: namhafte internationale Organisten spielen in verschiedenen Kirchen (www.kulturfeste.de) Im Garten vorgelesen: Literatur und Musik in privaten Gärten (www.urania-potsdam.de) |

| | |
|---|---|
| **Juli** | Tanztage: internationales Festival für Tanz und Performance (www.fabrikpotsdam.de) LIT:potsdam: Literaturfestival mit Autorenlesungen (verschiedene Orte; www.litpotsdam.de) Erlebnisnacht: Innenstadtfest mit Musik, Gastronomie und Handel (www.potsdamer-erlebnis nacht.de) |
| **August** | Feuerwerkersinfonie (zwei Abende; Volkspark; www.feuerwerkersinfonie.de) Schlössernacht: illuminierter Park Sanssouci mit Musik, Performance, Gastronomie (eine Nacht und Vorabend; www.potsdamer-schloessernacht. de) |
| **September** | Tag des Offenen Denkmals: Öffnung einiger sonst nicht zugänglicher Denkmale (zweiter Sonntag; www.potsdam.de/TagdesOffenen Denkmals) Jazztage: Jazzfestival (www.fabrikpotsdam.de) Töpfermarkt: Kunsthandwerkermarkt im Holländischen Viertel (www.toepfermarkt-potsdam.de) Internationales Drachenfest: Drachenwettbewerb, Musik, Theater (www.volkspark-potsdam.de) |
| **Oktober** | Unidram: internationales Theaterfestival; Schauspiel, Tanz, bildende Kunst, Performance (www.unidram.de) |
| **November** | Potsdamer Winteroper: Opernaufführungen im Schlosstheater (www.kammerakademie.de) Vocalise: Festival der Vokalmusik (eine Woche; verschiedene Orte; www.vocalise.de) |
| **Dezember** | Weihnachtsmärkte in der Innenstadt, in Babelsberg und im Krongut Bornstedt |

# Rundgänge

## Rundgang A (siehe Karte 1 in der vorderen Buchklappe) – Die Mitte

Lange Brücke (S. 41), Landtagsgebäude (S. 43), Alter Markt (S. 44), Museum Barberini (S. 47), Altes Rathaus (S. 46), Nikolaikirche (S. 44), Filmmuseum (S. 49), Neuer Markt (S. 51), Kutschstall und Haus der Brandenburgisch-Preußischen Geschichte (S. 51 f.), Kreativquartier (S. 54), Garnisonkirche (S. 52), Hiller-Brandtsche Häuser (S. 54), Naturkundemuseum (S. 56), Militärwaisenhaus (S. 55), Plantage (S. 57), Stadtkanal (S. 58), Brockessches Haus (S. 57), Nikolaisaal (S. 59), Wilhelm-Staab-Straße (S. 58), Platz der Einheit (S. 60)

## Rundgang B (siehe Karte 1 in der vorderen Buchklappe) – Die Zweite Barocke Stadterweiterung

Brandenburger Tor (S. 63), Museumshaus »Im Güldenen Arm« (S. 64), Jägertor (S. 64), Nauener Tor (S. 64), Holländisches Viertel (S. 64), Bassinplatz (S. 66), Sowjetischer Ehrenfriedhof (S. 66), Französische Kirche (S. 66), St. Peter und Paul (S. 67), Große Stadtschule (S. 67), Gutenbergstraße (S. 68), Dortustraße (S. 69), Gedenkstätte Lindenstraße (S. 69), Alte Wache (S. 59)

**Rundgang C** (siehe Karte auf S. 38 f.) –
Durch den Park von Sanssouci

Obeliskportal (S. 76), Neptungrotte (S. 77), Bildergalerie
(S. 77), Terrassen (S. 79), Schloss Sanssouci (S. 79), Historische
Mühle (S. 97), Neue Kammern (S. 84), Chinesisches Haus
(S. 86), Hauptallee (S. 87), Antikentempel (S. 88), Freund-
schaftstempel (S. 87), Neues Palais (S. 88), Communs (S. 91)

Chinesisches Haus

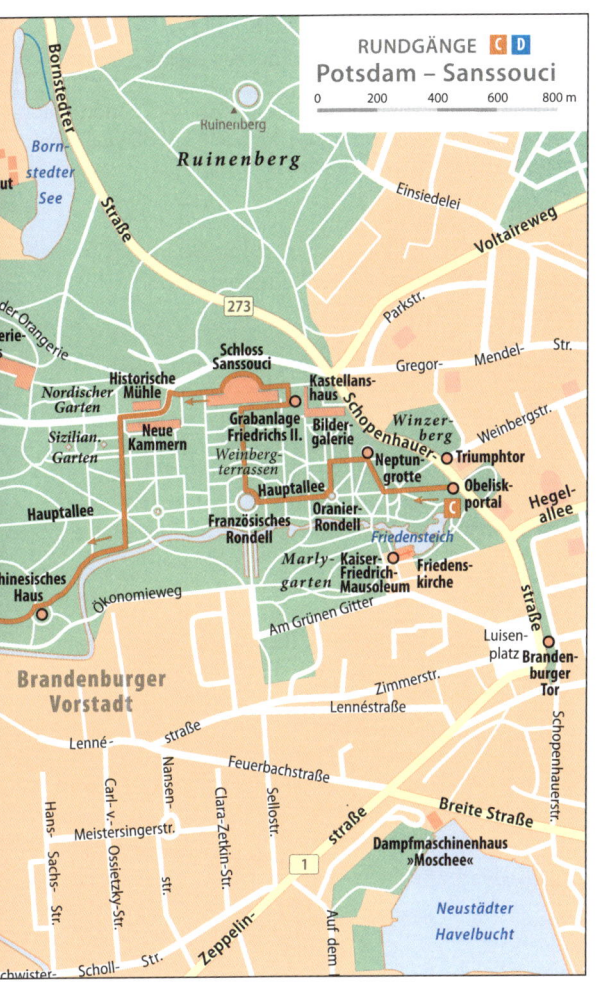

0   200   400   600   800 m

Bornstedter

Born-
stedter
See

gut

der-Orangerie-
erie-
s

Straße

Ruinenberg

*Ruinenberg*

Einsiedelei

Voltaireweg

273

Parkstr.

Gregor-   Mendel-   Str.

**Historische
Mühle**

*Nordischer
Garten*

**Schloss
Sanssouci**

**Kastellans-
haus**

Schopenhauer

*Winzer-
berg*

Weinbergstr.

**Neue
Kammern**

**Grabanlage
Friedrichs II.**

**Bilder-
galerie**

**Neptun-
grotte**

**Triumphtor**

*Sizilian.
Garten*

*Weinberg-
terrassen*

**Hauptallee**

**Obelisk-
portal**

*Hegel-
allee*

**Hauptallee**

**Französisches
Rondell**

**Oranier-
Rondell**

*Friedensteich*

**Chinesisches
Haus**

Ökonomieweg

*Marly-
garten*

**Kaiser-
Friedrich-
Mausoleum**

**Friedens-
kirche**

Am Grünen Gitter

straße

**Brandenburger
Vorstadt**

Zimmerstr.

Lennéstraße

Luisen-
platz   **Branden-
burger
Tor**

Lenné-   straße

Feuerbachstraße

Sellostr.

straße

Schopenhauerstr.

Nansen-

Carl-v.-

Clara-Zetkin-Str.

Hans-

Sachs-

Str.

Meistersingerstr.

Ossietzky-Str.

str.

**Breite Straße**

**Dampfmaschinenhaus
»Moschee«**

1

Auf dem

Zeppelin-

Scholl-   Str.

schwister-

*Neustädter
Havelbucht*

**Rundgang D** (siehe Karte auf S. 38 f.) –
Von Charlottenhof zum Orangerieschloss

Fasanerie (S. 107), Hippodrom (S. 106), Schloss Charlottenhof (S. 106), Römische Bäder (S. 108), Meierei (S. 108), Jubiläumsterrassen (S. 101), Orangerieschloss (S. 99)

**Rundgang E** (siehe Karte III auf S. 180 f.) –
Von Klein-Glienicke über Babelsberg zum
Hans-Otto-Theater

Glienicker Brücke (S. 144), Schloss Glienicke (S. 162), Klein-Glienicker Kapelle (S. 165), Jagdschloss Glienicke (S. 163), Schweizerhäuser (S. 164), Pförtnerhaus (S. 146), Maschinenhaus (S. 147), Schloss Babelsberg (S. 147), Voltaire-Terrassen (S. 149), Küchenhaus (S. 149), Kleines Schloss (S. 149), Gerichtslaube (S. 150), Flatowturm (S. 150), Matrosenhaus (S. 151), Kulturstandort Schiffbauergasse mit Hans-Otto-Theater (S. 139)

Weitere empfehlenswerte Rundgänge

Von der Kolonie Alexandrowka über den Pfingstberg in den Neuen Garten (siehe Karten II, III und IV sowie im Text S. 120–130)
Vom Bahnhof Griebnitzsee bis zur Sternwarte (siehe Karten III und IV sowie im Text S. 157–161)

# Die Innenstadt

## Alter Markt und Erste Barocke Stadterweiterung

Wer am Hauptbahnhof (S. 70) ankommt, dem wird schon beim ersten Blick über das Wasser auf die Stadtsilhouette mit der großen Kirchenkuppel bewusst, wie schön die Stadt inselartig von Havelseen umfasst wird. Auf kurzem, direktem Weg geht es mit der Straßenbahn über die stark befahrene **Lange Brücke** (I F4–5; zu diesem Areal siehe S. 60–62). Im 14. Jh. zum ersten Mal erwähnt, ist das heutige Bauwerk, das seit 1962 Potsdam mit der Teltower Vorstadt und Babelsberg verbindet, schon das sechste an dieser Stelle. Zu allen Zeiten war diese Brücke der wichtigste Havelübergang. Truppen unterschiedlicher Parteien des Dreißigjährigen Krieges, zu Napoleonischer Zeit oder die Rote Armee zogen hier in die Stadt hinein oder preußische Soldaten ins Feld hinaus.

Mit Eröffnung der Eisenbahnstrecke 1838 gelangten Jahr für Jahr immer mehr Touristen in die Stadt. Ihnen präsentiert sich heute, gleich auf der anderen Seite der Brücke, das **Stadtschloss** (I F4) in alter Pracht. Wie der goldene Schriftzug an der Westfassade allerdings seit 2013 anzeigt, ist es tatsächlich gar kein Schloss: *Ceci n'est pas un château.* In dem 2014 eröffneten Wiederaufbau wird heute Brandenburgs Politik durch das Parlament bestimmt. Das Original entstand aus einer Burganlage der Askanier. Im 16. Jh. wurde diese für Katharina, die Ehefrau von Kurfürst Joachim Friedrich, in ein Schloss in Renaissanceformen umgebaut. Kurfürst Friedrich Wilhelm wählte Potsdam ab 1660 zu seiner Nebenresidenz und ließ das Schloss durch Johann Gregor Memhardt ab 1662 in schlichten Formen des Holländischen Klassizismus zu einer Vierflügelanlage mit Corps de Logis und Eckpavillons umgestalten. Eine

Erweiterung ab 1679 führte zu dem heute erkennbaren Grundriss mit halbrundem Hofabschluss. 1701 wurde aus Anlass der Krönung von Friedrich I. durch Jean de Bodt das **Fortunaportal** gebaut (zum Alten Markt hin; auch dieses ist heute eine Kopie). Sein Nachfolger Friedrich Wilhelm I. (reg. 1713–40) ließ einen großen Teil des **Lustgartens** (I E/F4–5; S. 61) zu einem Exerzier- und Paradeplatz umwandeln. Unter dessen Nachfolger wiederum, Friedrich II. (reg. 1740–86), erfuhr das Schloss um die Jahrhundertmitte eine wesentliche Umgestaltung durch Georg Wenzeslaus von Knobelsdorff, dessen Entwürfe auch den äußeren Bereich des Wiederaufbaus bestimmt haben. Das südliche, an der Havel gelegene Areal erhielt gegenüber dem Schloss eine große Brunnenanlage: Der vielgliedrige **Neptunbrunnen**, entworfen von Johann August Nahl und ausgeführt von den Bildhauern Benkert und Heymüller, zeigte das Meeresgötterpaar Neptun und Amphitrite in einem von Pferden gezogenen Wagen, umgeben von Tritonen und Nereiden. Die Skulpturengruppe wurde im Zweiten Weltkrieg zerstört und wird momentan durch Spenden stufenweise rekonstruiert. Im Zuge der Neugestaltung unter Friedrich II. wurde die Schlossanlage durch Kolonnaden stadträumlich abgegrenzt, im Osten durch die **Havelkolonnade** (I F5), im Norden durch die **Ringerkolonnade** (I F4). Letztere kann heute in rekonstruierter Form (es wurden geborgene Teile wiederverwendet) zwischen dem Filmmuseum und dem Landtagsgebäude wieder erlebt werden. Auf Grund des modernen Straßenverlaufs musste eine Öffnung für den Verkehr bleiben.

Es ist heute kaum vorstellbar, dass der gesamte Platz des Stadtschlosses fast dreißig Jahre leer war, denn das im Zweiten Weltkrieg in einer Bombennacht zwar nur teilweise zerstörte, aber ausgebrannte Schloss wurde 1960 auf Beschluss der DDR-Regierung vollständig abgerissen. In den 1980er Jahren entstand auf dem Areal ein Theaterneubau, der zur Tausendjahr-

Das Potsdamer Stadtschloss: Blick in die Humboldtstraße
vor dem Krieg

feier 1993 eingeweiht werden sollte. Doch mit der politischen
Wende 1989 änderten sich auch diese Pläne: Der Rohbau wurde abgerissen, und 2009 fiel die Entscheidung zum Neubau des
Landtagsgebäudes in den Formen des Stadtschlosses.

**Landtagsgebäude** (I F4): Der Neubau des Stadtschlosses ◆
erfolgte in den Jahren 2010–13 nach den Entwürfen von Peter
Kulka. Die Außenfassaden mit dem Sandsteinsockel und den
geschossübergreifenden korinthischen Pilastern wurden nach
alten Plänen und einigen gesicherten Teilen originalgetreu
wiederhergestellt, der Grundriss jedoch den Erfordernissen
des Parlaments angepasst. Dies ist insbesondere im Innenhof
am verbreiterten Seitenflügel erkennbar. Der Eindruck im Innenraum (man darf das Schloss betreten!) ist weit entfernt von
barocker Pracht. Durch ein modernes, lichtdurchflutetes, weißes Treppenhaus gelangt man ins Obergeschoss zur öffentlich
zugänglichen Cafeteria und hat von deren Terrasse einen wei-

ten Blick über den Hof auf die Nikolaikirche und Teile der Stadt. Das rekonstruierte Knobelsdorffsche Treppenhaus wird nur zu besonderen Anlässen geöffnet. Mit Anmeldung und Führung kann man auch den Plenarsaal besichtigen. Das Kunstwerk im Innenhof des Schlosses von Florian Dombois von 2014 spielt mit dem Thema Original und Replik.

Nach Verlassen des Schlosshofs bieten sich auf dem **Alten Markt** (I F4) Blicke wie auf einer italienischen Piazza: Das war das Ansinnen Friedrichs II. (reg. 1740–86). Er ließ durch Knobelsdorff einen **Obelisken** errichten, der ursprünglich mit den Medaillons preußischer Herrscher geschmückt war. Nach Beschädigung im Krieg wurden diese zur Zeit der DDR durch Porträts wichtiger Baumeister des 18. und 19. Jh.s (Knobelsdorff, Gontard, Schinkel und Persius) ersetzt. Der Obelisk steht exakt auf dem Schnittpunkt der Achsen einiger den Platz umgebenden Gebäude.

◆ Die **Nikolaikirche** (I F4) hatte zu der Zeit, als der Platz durch Friedrich II. geschaffen wurde, einen barocken Turm und ein opulentes Schauportal nach dem Vorbild der Santa Maria Maggiore in Rom. Erst 35 Jahre nach einem Brand kam es 1830–37 unter Friedrich Wilhelm III. zum Neubau des Zentralbaus, nach Entwürfen von Karl Friedrich Schinkel, jedoch zunächst ohne Kuppel. Deren Realisierung wiederum ermöglichte Nachfolger Friedrich Wilhelm IV. bis 1850. Ludwig Persius hatte bis 1845 die Bauleitung inne und änderte die Konstruktion der Kuppel unter Verwendung von filigranem Eisen der Firma Borsig. Das erforderte aus statischen Gründen zusätzliche kleine, glockentragenden Ecktürme am Außenbau; sie tragen Engelsstatuen von August Kiß. Die stadtbildbeherrschende Kuppel mit der bekrönenden Laterne scheint in Stufen aus dem Tambour herauszuwachsen. So prägen den Außenbau einfache geometrische Formen: Würfel, Halbkreisfenster, Zylinder und eine leicht gestreckte Halbkugel.

Nikolaikirche

Korinthische Säulen tragen eine Aussichtsplattform mit palmettengeschmückter Attika und werden durch ionische Pilaster am Tambour bis zu den Kuppelrippen optisch fortgesetzt. Man betritt die Kirche von Süden aus durch einen großen, die

Fassade bestimmenden korinthischen Säulenportikus mit rekonstruiertem Tympanonrelief zum Thema Bergpredigt. Die Nordseite enthält eine Apsis, die den Altar unter einem von korinthischen Säulen getragenen Altarziborium aufnimmt. Die Innenwand wurde 1837 von Bernhard Wilhelm Rosendahl mit den vier Evangelisten und den zwölf Aposteln bemalt. Nicht mehr erhalten ist Jesus, umgeben von Engel und Taube im oberen Teil der Konche (sie ist heute weiß). Die das Gewicht der Kuppel abtragenden Pendentiv-Gewölbe zeigen Tondi mit den vier Propheten Jasaja, Jeremia, Hesekiel und Daniel von unterschiedlichen Künstlern. Das Kuppelinnere erlitt Verlust an ursprünglicher Bemalung, die nach Kriegszerstörung nicht vollständig wiederhergestellt werden konnte. Die Kirche ist äußerlich 77 m hoch und korrespondiert direkt mit der Tambourkuppel des benachbarten Gebäudes und deren goldenem Atlas.

◆  **Altes Rathaus / Potsdam Museum** (I F4): Die Architekturgeschichte des Alten Rathauses führt uns zunächst in die Renaissance. Friedrich II. (reg. 1740–86) kannte aus Büchern und Stichen wichtige architektonische Werke aus Europa. Im Bestreben, Potsdam zu einer repräsentativen Stadt zu gestalten, verlangte er für den Neubau des Rathauses die Verwendung eines in Vicenca nicht verwirklichten Entwurfs von Andrea Palladio (1508–1580). Die ausführenden Baumeister Jan Bouman und Christian Ludwig Hildebrandt verkleinerten beim Bau (1753–55) für Potsdam allerdings die Fassade. Sie wird durch korinthische Dreiviertelsäulen dominiert, die über dem Hauptgesims als Pfeilervorlagen in der Attika insgesamt sechs Figuren tragen. Sie stellen bürgerliche Tugenden dar (heute Kopien). Auf dem Tambour mit Stufenkuppel trägt Atlas die Weltkugel. Die ursprüngliche Figur aus Blei von Benjamin Giese stürzte 1776 ab. Sie wurde aus vergoldetem Kupfer ersetzt, überstand sogar den Bombenangriff von 1945 und überragte wie ein Symbol der Zuversicht die Ruinen des Ortes. Genutzt wurden die Räume des Alten Rathauses über die Jahre auch als Gefängnis, Stadtkasse und Sparkasse. In der DDR-Zeit wurde der Bau 1966 unter Einbeziehung der beiden rechten Nachbarhäuser zum Kulturhaus »Hans Marchwitza« mit Vortrags- und Ausstellungsräumen umgebaut. Das Ensemble wurde ab 2008 umfassend saniert sowie umgestaltet und 2013 als »Potsdam Museum – Forum für Kunst und Geschichte« wiedereröffnet. Zum Museum gehören zwei weitere Häuser auf der rechten Seite: Neben dem die Erschließungsflächen aufnehmenden Neubau in der Mitte steht das restaurierte **Knobelsdorffhaus**. Hier tragen Atlanten den Balkon in der Beletage. Das Museum zeigt eine ständige Ausstellung zur Stadtgeschichte und wechselnde Kunstausstellungen.

Diese Ausstellungen erbringen sehr fruchtbare Synergien mit dem benachbarten privaten **Museum Barberini** (I F4). Es wurde nach Rekonstruktion 2016 eröffnet und verzeichnet internationale Besucherrekorde. Einer der Gründer des IT-Unternehmens SAP, Hasso Plattner, hat den Wiederaufbau des nach Kriegszerstörung abgetragenen Gebäudes finanziert und dem Alten Markt damit seine historische Ansicht wiedergegeben. Die architektonische, namensgebende Vorlage steht in Rom: Auch der Palazzo Barberini ist heute ein Kunstmuseum. Zwei Neffen von Papst Urban III. ließen den barocken Palast um 1630 von Maderno, Bernini und Borromini bauen. In Potsdam fasste die Fassade in der Überarbeitung von Carl von Gontard und vermutlich auch Georg Christian Unger in der Bauzeit 1771/72 zwei dreigeschossige Häuser zusammen. Während in der historischen Vorlage in Rom die vortretenden Seiten einen kleinen Hof einfassen, setzt sich in Potsdam der Mittelrisalit in Szene. Er akzentuiert das Gebäude mit aufsteigend toskanischen und ionischen Dreiviertelsäulen sowie korinthischen Pilastern, die auf der Attika einen vertikalen Vasenabschluss finden. 1845 erhielt der Bau unter Friedrich Wilhelm IV. nach Entwürfen von Ludwig Persius und Ludwig Ferdinand Hesse zudem zwei zur Havel gerichtete Anbauten. Der dadurch gebildete Hof ist auch heute wieder als Garten erlebbar. Genutzt wurde das Gebäude in den Jahrhunderten sehr unterschiedlich, mit Wohnungen und Räumen für die Verwaltung und durch mehrere Potsdamer Vereine mit Veranstaltungs- und Konzertsälen. Nach den Zerstörungen 1945 wurde der Komplex 1948 abgerissen, wobei sich zwischenzeitlich ab den 1990er Jahren ein Theaterprovisorium auf dem Gelände befand. Die Hasso Plattner Foundation ließ das Gebäude unter der Leitung von Hilmer & Sattler und Albrecht zwischen 2013 und 2016 originalgetreu rekonstruieren. Zwei große Treppenhäuser erschließen heute die Ausstellungsetagen, in denen vorrangig Kunst aus dem 19. Jh., insbesondere des Impressionismus, gezeigt wird. Die großen Fenster eröffnen herrliche Blicke auf den Alten Markt und die neu erstehende Potsdamer Mitte.

**Neue Mitte** (I F4): Ursprünglich befand sich zwischen dem heutigen Platz der Einheit (S. 60), der Friedrich-Ebert-Straße und dem Alten Markt nach Osten bis zur Heilig-Geist-Kirche einer der ältesten Bereiche der Stadt, mit barocken Häusern und schmalen Straßen. Friedrich II. (reg. 1740–86) ließ hier an prominenten Stellen wie Eckhäusern Fassaden ausgewählter Vorbilder nachbauen. Dazu gehörten mehrere Palazzo-Entwürfe von Andrea Palladio (1508–1580), die Hildebrand für den König ausführen ließ. Nach Kriegszerstörung kam es unter der DDR-Führung zur völligen Neuordnung des Stadtgrundrisses: Die Gebäude dieses großen sozialistischen innerstädtischen Bauprogramms wurden jedoch unterdessen zugunsten der Wiederherstellung der Potsdamer Mitte abgerissen. Als Letztes soll der »Staudenhof« nördlich der Nikolaikirche entfernt werden – der Name des Plattenbaus ging auf eine dem

Staudenzüchter Karl Foerster (1874–1970) gewidmete Grünanlage zurück, die sich westlich an das Gebäude anschloss. Außerdem hatte das Architektenkollektiv um Sepp Weber 1970–74 eine mehrteilige Architektur in Montagebauweise mit drei Innenhöfen entworfen. Sie enthielt das Institut für Lehrerbildung, später die Fachhochschule, die Stadtbibliothek und Geschäfte. Über dreißig Jahre bestimmte dieses dreigeschossige, vertikal durch Stahlbeton-Lisenen gegliederte Bauensemble das Bild des Alten Marktes. Als man es abriss, beließ man einzig die **Stadt- und Landesbibliothek** (I F4; seit 2012 in stark veränderter Form). Auf der entstandenen Freifläche wird seit 2021 der alte Stadtgrundriss für Wohnungen, Büros, Geschäfte und Gastronomie rekonstruiert. Dabei sollen insbesondere an den Ecken die Palazzi aus friderizianischer Zeit in äußerlich originaler Form wiedererstehen. Die zahlreichen anderen kleinteiligen Häuser der Karrees sind in Höhe und Kubatur zwar angepasst, aber die Formen und Materialien sind modern.

**Acht Ecken** (I F4): Alle vier Häuser, die hier bis zur Kriegszerstörung standen, hatten eine konkav geschwungene Doppelecke, jeweils mit der Eingangstür, und gingen auf italienische Vorbilder zurück. Georg Christian Unger entwarf sie in den 1770er Jahren im Stil des friderizianischen Rokoko. Einzig die Nordwestecke blieb erhalten. Heute ist die Friedrich-Ebert-Straße aufgrund des modernen Verkehrs breiter als ihre Vorgängerin. Damit kann auch bei der Rekonstruktion der zerstörten Häuser des Ensembles der ursprüngliche Eindruck nicht wirklich wiederhergestellt werden.

Von dort, in Richtung Süden, fällt ein dunkelrotes barockes Gebäude ins Auge: das **Filmmuseum** (I F4). Es ist das älteste Gebäude der Stadt, entworfen im Zusammenhang mit dem Stadtschloss in kurfürstlicher Zeit 1685 von Johann Arnold Nering als Orangerie. Mit nach Süden ausgerichteten großen

Fenstern nahm der Bau über den Winter exotische Pflanzen auf, die als Symbol für Reichtum und Status galten. Doch Friedrich Wilhelm I. scherte sich nicht um Prunk: Er verwandelte Potsdam ab 1713 in eine Garnison, der Lustgarten des Schlosses wurde zum Exerzierplatz und die Orangerie ein Marstall für königliche Reitpferde. Sein Sohn Friedrich II. ließ dann ab 1746 auch dieses Gebäude durch Knobelsdorff in die jetzige Form umgestalten und die säulengeschmückten Risalite an der süd- und östlichen Stirnseite mit reichem, auf Pferde bezogenem Skulpturenschmuck von Friedrich Christian Glume aufwerten. Das Gebäude überstand den Krieg und wurde nach Restaurierung 1981 als Filmmuseum der Öffentlichkeit zugänglich gemacht. Heute enthält es an der Ostseite auch eine Gaststätte. Das Museum ist Teil der Filmuniversität Babelsberg (S. 154). An der Nordfassade steht das **Steuben-Denkmal**. Friedrich Wilhelm August von Steuben (1730–1794) war ein preußischer Offizier. In Paris traf er auf Benjamin Franklin und ging auf dessen Vermittlung 1777 in die Vereinigten Staaten von Amerika, wo er als General der Kontinentalarmee die Befreiungskriege organisierte. Das Denkmal kam 1911 als Geschenk aus den USA an den Kaiser nach Potsdam, stand jedoch erst an anderem Ort. Heute blickt der General in Richtung des Neuen Marktes, vorbei an einem Gebäudeensemble zur Rechten.

**Kabinetthaus** (Am Neuen Markt 1, I F4): Obgleich der Name noch aus der Nutzungszeit für das Kabinett im 19. Jh. stammt, beherbergt das Gebäude heute u. a. das Zentrum für Zeithistorische Forschung. Seine architektonische Ausstrahlung erhielt es jedoch, als es 1762 mit dem Nachbarhaus in der Schwertfegerstraße 8 zusammengelegt wurde und bis 1786 als Wohnsitz für Kronprinz Friedrich Wilhelm (II.) diente. Hier kam auch Friedrich Wilhelm (III.) zur Welt (und 1767 vermutlich auch Wilhelm von Humboldt als Sohn des Kammerherrn).

So zeigt sich die Fassade von ungewöhnlicher Noblesse. Lisenen gliedern den Bau. Ein Paar afrikanischer Menschen als Atlanten trägt den Balkon über dem Eingang in der Mittelachse. Hier sei erwähnt, dass mit Gründung der Brandenburgisch-Preußischen Compagnie 1682 bis 1711 brandenburgisch-preußischer Handel mit Sklaven und Kolonialwaren betrieben wurde.

Der **Neue Markt** (I F4) liegt zwar hinter hohen Häusern etwas verborgen, zeigt aber das barocke 18. Jh. mit sanierten Bürgerhäusern in seltener Pracht. Dabei sticht das Haus **Am Neuen Markt 5** besonders hervor. Das Original wurde nach dem Willen Friedrichs II. 1755 von Johann Gottfried Büring unter Verwendung eines Entwurfs von Andrea Palladios Palazzo Thiene in Vicenza (1542) errichtet, jedoch in der Bombennacht 1945 zerstört. Erst 1999 begann man mit der Schließung der Lücke durch einen Bau von Nicola Fortmann-Drühe. Die palladianischen Fassadenformen hat sie vor eine große Glasfront gesetzt und damit zeitgenössisch interpretiert. Unzerstört blieben die ab 1773 unter Georg Christian Unger gebauten Nachbarhäuser, in denen nach Restaurierungen heute wissenschaftliche Institutionen arbeiten.

Die **Ratswaage** (Am Neuen Markt 10, I F4) in der Mitte des Platzes wurde ursprünglich 1735 als Malz- und Kornwaage eingerichtet. Das jetzige Gebäude stammt aus dem Jahr 1835 und ist heute ein Restaurant. In unmittelbarer Nähe fällt ein opulent gestaltetes klassizistisches Portal mit toskanischen Säulen aus Sandstein ins Auge, einst der Eingang zum **Kutschstall**. Der reiche Figurenschmuck auf der Bekrönung zeigt eine Quadriga mit peitschenschwingendem Kutscher in offenem Wagen, der sogar eine reale Person verewigt, den Leibkutscher Friedrichs II., Johann Georg Pfundt (1700–1784). Die gesamte Figurengruppe verweist auf den ursprünglichen Zweck des Gebäudes als Stall für ca. 100 königliche Kutsch- und Reitpferde. Die Kutschen selbst waren in Remisen hinter dem Stall untergestellt. Andreas Ludwig Krüger errichtete den Kutschstall in frühklassizistischen Formen 1787–89 unter Beteiligung der Bildhauer Johannes Eckstein sowie der Brüder Johann Christoph und Michael Christoph Wohler. Im Inneren des Stalls sind die durch Sandsteinpfeiler gestützten Kreuzgewölbe sehr gut erhalten, die Räume im Obergeschoss dienten Stallburschen und Reitpersonal. Heute gehört das Gebäude zum Veranstaltungsbereich des **Hauses der Brandenburgisch-Preußischen Geschichte** (Am Neuen Markt 9). Sowohl der Marstall als auch der Kutschpferdestall zählten zum unmittelbaren nordwestlichen Umfeld des Stadtschlosses.

Eine der wichtigsten Achsen des Stadtgrundrisses von Potsdam, die heutige **Breite Straße** (I D/E4), führte vom südwestlichen Risalit des Schlosses bis zur Havelbucht und setzte sich als Sichtbeziehung darüber hinaus in der Landschaft fort.

**Garnisonkirche** (I E4): Am Verlauf der Straße und gleichzeitig in Blickbeziehung zum Schloss entstand ab 1720 die erste Garnisonkirche, die wegen des sumpfigen Untergrundes allerdings Risse bildete und bald erneuert werden musste. So entstand 1730–35 eine der bedeutendsten Kirchen des norddeutschen Barock nach dem Entwurf von Philipp Gerlach. Mit 88 m Höhe bildete der Turm die höchste Spitze der drei die Silhouette der Stadt bestimmenden Kirchen. Er wuchs aus einem sehr massiven Unterbau, sich über fünf Etagen nach oben verjüngend, und endete in einer offenen, gekuppelten Laterne mit Glockenspiel. Die Stockwerke waren auf den Gesimsen reich mit Trophäen und Fahnenschmuck versehen. Korbbogenarkaden auf korinthischen Pfeilern teilten den Innenraum in drei Schiffe. Doppelte Emporen boten Platz für etwa 2000 Gläubige, unter ihnen vor allem Militärangehörige. Es war die Hof- und Garnisonkirche, und bis zum Zweiten Welt-

Carl Hasenpflug: Garnisonkirche, Gemälde von 1827

krieg fanden Friedrich Wilhelm I. (reg. 1713–40) und Friedrich II. (reg. 1740–86) hier ihre Grablege. Unter anderen erwiesen ihnen Napoleon und Zar Alexander hier die Ehre. Nach dem Ende der Monarchie diente die Kirche als traditioneller Versammlungsort für Kaisertreue, und Offiziere und Soldaten wurden vor Kriegseinsätzen hier gesegnet. Am sogenannten »Tag von Potsdam«, dem 21. März 1933, wurde an diesem Ort zudem mit dem Händedruck zwischen Hitler und Hindenburg zur Eröffnung des Reichstags symbolisch die Verbundenheit von preußisch-militärischer Tradition und Nationalsozialismus in Szene gesetzt. Jene Ereignisse bilden heute den Zündstoff für Diskussionen zwischen Gegnern und Befürwortern des Wiederaufbaus der Garnisonkirche, denn in der Bombennacht von Potsdam kurz vor Kriegsende brannten Dachstuhl und Teile der Kirche aus.

Erst 1968 befahl die DDR-Regierung den vollständigen Abriss der Kirche aus ideologischen Gründen und den Bau eines **Rechenzentrums**, das man 1971 fertigstellte. Mit der umstrittenen Entscheidung zum Wiederaufbau der Garnisonkirche wurde davon bereits ein Bereich abgerissen. Die Fassade des noch erhaltenen Teils zeigt im Erdgeschoss unter Denkmalschutz stehende Mosaiken von Fritz Eisel (1929–2010). Der Abriss der Fassade wurde im Dezember 2021 durch einen Kompromiss im Rekonstruktionsstreit abgewendet: Es wird nur der Garnisonkirchturm gebaut, das geplante Kirchenschiff wird nicht realisiert – dafür soll die Anlage um ein »Haus der Demokratie« ergänzt werden.

Es gibt Pläne zur Entwicklung eines **Kreativquartiers** (I E4) zwischen Kutschstall und Garnisonkirche, das auch das Baufeld des Langen Stalls umfasst und langfristig durch eine gemischte Nutzung insbesondere junge Menschen binden sowie die Innenstadt mit Leben erfüllen soll. Der **Lange Stall** (Werner-Seelenbinder-Straße) wurde 1734 unter Friedrich Wilhelm I. als Exerzier- und Reitstall in Fachwerkbauweise gebaut. Südlich an den Stall ergänzte 1781 Georg Christian Unger auf Wunsch von Friedrich II. die barocke Portalfassade (sie ist erhalten) mit vier toskanischen Säulen, reliefgefülltem Giebeldreieck und reichem Figurenschmuck auf der Attika, darüber an prominenten Stellen *Mars*, *Herkules* und *Minerva*. Auf dem Platz vor der Portalfassade, der Ostseite der Garnisonkirche, fanden militärische Zeremonien statt.

An der Straßenkreuzung, diagonal und südwestlich der Garnisonkirche, steht ein Häuserensemble mit sehr aufwendig gestalteter Fassade, die **Hiller-Brandtschen Häuser** (I E4). Auch dieser Bau reiht sich in die Verschönerungsmaßnahmen Friedrichs II. ein. Für den Kaufmann Hiller und den Schneider

Brandt ließ der König 1769 durch Georg Christian Unger jeweils ein Bürgerhaus bauen, außerdem eine Kaserne in der Mitte zur privaten Unterbringung von Soldaten. Es war mit Kosten in Höhe von 70 000 Reichstalern das vermutlich teuerste Bürgerpalais, das je in Preußen auf des Königs Kosten entstanden ist. Architektonisch fällt vor allem die ungewöhnlich große Plastizität mit reichem Figurenschmuck ins Auge. Die Vorlage dazu bildete ein Entwurf des britischen Architekten Inigo Jones aus dem Jahr 1619 für den Bau von Schloss Whitehall in London. Die Hiller-Brandtschen Häuser dienten während der DDR-Zeit als Wohnraum und Kunstgalerie, deren Räume danach zum Museum gehörten; heute sind sie ein saniertes Denkmal mit Eigentumswohnungen, denn sie überstanden den Zweiten Weltkrieg unzerstört.

Ganz anders erging es dem Vorgänger des Gebäudes gegenüber an der Dortustraße, das im Volksmund **Ochsenkopfhaus** (Breite Straße 6, I E4) genannt wird. Der unauffällige Bau von 1960 trägt an der Fassade die Plastik eines skelettierten Widderkopfes. Dieser stammt vom ehemaligen Direktionsgebäude der Potsdamer **Gewehrmanufaktur**, gebaut 1755 von Johann Gottfried Büring, das bis zur Kriegszerstörung an dieser Stelle stand. Unter dem Hauptgesims trug das alte Gebäude paarweise angeordnete Widderköpfe, Symbole für den kriegerischen Sieger. Gegründet wurde die Gewehrmanufaktur schon 1722 unter Friedrich Wilhelm I. Sie war in einfacher Fachwerkbauweise ausgeführt. Für die zum Teil aus dem katholischen Lüttich im heutigen Belgien angeworbenen Gewehrbauer entstand im Karree auch eine einfache katholische Kirche, der ca. 150 Jahre später an anderer Stelle St. Peter und Paul (S. 67) folgte.

**Militärwaisenhaus** (I E4): Das Gebäude, das sich im Quartier zwischen der heutigen Dortustraße, Breiter Straße, Lindenstraße und Spornstraße erstreckt, wurde 1724 eröffnet. Ziel der Einrichtung war es, Militärwaisen und Kindern von verarmten Soldaten durch Unterricht und Erziehung eine Perspektive zu geben. Allerdings lebten die Zöglinge teilweise unter schwierigen hygienischen Bedingungen und mussten hart arbeiten. Friedrich II. ließ große Gebäudeteile durch massive Bauten ersetzen. Der wichtigste davon ist der 1771–78 errichtete Hauptbau von Carl von Gontard in der Lindenstraße (siehe zur Lindenstraße zudem S. 69) mit dem wohl eindrucksvollsten Treppenaus von Potsdam: Die Treppen sind von zwei Schalen eingefasst, und in der Mitte öffnet sich der Raum geschossübergreifend und gibt den Blick bis zum Oberlicht des Kuppelaufbaus frei. Darüber trägt ein achtsäuliger Monopteros mit Attika und Vasenaufsätzen eine vergoldete Caritas-Figur mit flammendem Herz und Ölzweig in den Händen. Seit 2004 ist dieser 46 m hohe Aufsatz als Rekonstruktion über dem sanierten Hauptgebäude in der Lindenstraße wieder weithin sichtbar. Carl von Gontard gestaltete die Gebäudeteile der gesamten Anlage symmetrisch, jeweils mit Mittel- und Seitenrisaliten, gebänderten Lisenen und sparsamer Zahl an Dachgauben. Der größte Teil der im Krieg verlorenen bzw. danach abgerissenen Bausubstanz wurde rekonstruiert und saniert. Heute befinden sich öffentliche Einrichtungen in den Gebäuden, darunter die Stiftung Großes Waisenhaus zu Potsdam, die sich, auch in Bezug auf das Erbe der historischen Stätte, für die Förderung benachteiligter Kinder und Jugendliche einsetzt. Auf dem Gelände steht südwestlich das ehemalige Ständehaus, das heute das **Naturkundemuseum** (I E4) mit einem sehr sehenswerten Aquarium beherbergt.

Die Breite Straße endete bis 1971 mit dem von zwei Obelisken geschmückten ehemaligen **Neustädter Tor** an der Havelbucht (I D4). Danach gelang durch Aufschüttung ihre Weiterführung in Richtung der Brandenburger Vorstadt bzw. über die heutigen Bundesstraßen B1 und B2. Wer genau hinsieht, wird noch einen der beiden Obelisken finden, an die Nordseite der Straße versetzt und von Plattenbauten umgeben. Mitte der 1970er Jahre entstanden hier viele Wohnhochhäuser in Plattenbauweise; einige verstellen den weiten Blick von Sanssouci auf die Havel, der über Jahrhunderte gegeben war.

**Restaurant »Seerose«** (Breite Straße 24, I D4): Ein ganz besonderer, auffälliger, von Ulrich Müther entworfener Bau gesellte sich 1983 dazu. Angeregt durch ein Restaurant von Félix Candela (1910–1997) im mexikanischen Xochimilko, entwickelte Müther mit der hyperbolischen Paraboloidschale eine neue Architekturform, die auch im Ausland gefragt war. Die »Seerose« steht inzwischen unter Denkmalschutz und ist bis heute ein Kultrestaurant.

**Plantage** (I E4): Unweit des Militärwaisenhaus-Karrees, auf dem heute noch als Grünfläche zu erkennenden Platz auf der anderen Seite des Kanals, pflanzte man im 18. und 19. Jh. (wie an vielen weiteren Straßen und Plätzen der Stadt) Maulbeerbäume an, deren Blätter von Zöglingen des Waisenhauses als Futter für die Seidenraupenproduktion geerntet werden mussten.

Das **Brockessche Haus** (I E4) befindet sich südlich des heute wiederhergestellten Kanalteils (dazu siehe S. 58). Das ebenfalls von Gontard 1776 entworfene Gebäude mit der auffallend prächtigen Fassade bewohnte der Glasschleifer Johann Christoph Brockes (1737–1804). Aus seiner Werkstatt kamen kostbare Lüster nach französischer Mode und Marmorarbeiten für die Schlösser des Königs. Die in Teilen vom König finanzierte barocke Architektur mit Dreiecksgiebel über dem Mittelrisalit und Figurenschmuck auf der Attika hatte ebenfalls französische Vorbilder. Als Oberrechnungskammer überstand das Haus den Krieg bis auf Nahkampfspuren weitgehend unversehrt. Es wurde 2015 saniert und enthält heute Wohnungen.

**Stadtkanal** (I E4): Schon zu kurfürstlicher Zeit war es notwendig, den sumpfigen Grund der Stadt durch einen Graben in die Havel zu entwässern. In der Regierungszeit von Friedrich Wilhelm I., 1713–40, wurde dieser begradigt und mit hölzernen Verschalungen, Brücken und Abtritten versehen. Unter Friedrich II. (reg. 1740–86) veredelte man den Wasserlauf, der an eine Gracht erinnerte, schließlich durch Sandsteinfassungen, Steinbrücken und eiserne Geländer. Über den Kanal wurden Baumaterialien in die Stadt gebracht, die Fischer fanden ihren Absatzmarkt. Aber schon im Verlauf des 19. Jh.s kamen Klagen über schlechte Gerüche dieses wenig fließenden Gewässers auf. Nachdem in den 1950er Jahren erste Reparaturarbeiten zur Wiederherstellung des Kanals erfolgten, wurde er in den 1960er Jahren zugeschüttet. Brücken wichen ebenerdigen Straßenkreuzungen. Nach der Wende, in den 1990er Jahren, forderten einige Potsdamer die Wiederherstellung des alten Kanals. Anlässlich der Bundesgartenschau 2001 konnte ein Abschnitt in der Yorckstraße eingeweiht werden – leider führt er kein Wasser – er wird nur zu besonderen Anlässen über die städtische Wasserversorgung geflutet. Doch das Projekt Stadtkanal wird vorangehen, denn nach der Sanierung des Zollhauses am Kellertor (Beginn des Kanals) gibt es Pläne für weitere Rekonstruktionen. An der Kreuzung Breite Straße zur Dortustraße befand sich eine der wichtigsten Brücken über den Wasserlauf, bevor er südlich davon in die Havel mündete.

Auf der nördlichen Seite des wiederhergestellten Kanals beginnt die **Wilhelm-Staab-Straße** (I E4). 1771 begann man mit dem Bau der Hausnummer 6, das dem nahen Wilhelmplatz (heute Platz der Einheit) als besonderer Sichtpunkt dienen sollte. Auf den ersten Blick erscheint die Straße heute als ein Werk aus barocker, spätfriderizianischer Zeit, als sie noch Hoditzstraße hieß. Die meisten Häuser entstanden nach Entwürfen von Georg Christian Unger. Jedoch, im Gegensatz zu vielen anderen Bereichen der Stadt, erfuhr diese Straße nach der Kriegszerstörung in den 1950er Jahren eine für die DDR-Zeit ungewöhnlich sensible Stadtreparatur. So entstand Nummer 12 unter Wiederaufbau der Fassade als völlig neues Gebäude. Gegenüber die Nummern 7–9 jedoch erhielten durch Carl Rechholtz frei erfundene Fassaden. Im Potsdamer Kulturleben hat die Nummer 10–11 große Bedeutung: Im Hinterhaus befindet sich der **Nikolaisaal** (I E4). Zunächst als Gemeindesaal für die Nikolaikirche gedacht, diente er nach mehreren Umbauten nach 1945 auch als Konzertsaal. Das Eingangsportal im Hof in neoromanischem Stil mit dem Lamm Gottes im Tympanon über der Tür stammt von 1909. Der aktuell bespielte Saal wurde nach einem Entwurf des französischen Architekten Rudy Ricciotti im Jahr 2000 eingeweiht.

Die **Charlottenstraße** (I E/F3–4) wurde als repräsentative Grenzlinie zwischen der Ersten und der Zweiten Barocken Stadterweiterung unter Friedrich II. (reg. 1740–86) mit aufwendigen Fassaden aufgewertet. Auch hier stammt der größte Teil der Entwürfe von Georg Christian Unger. Oft fasste er mehrere Häuser mit einer Fassade zusammen, dabei immer die Symmetrie ganzer Straßenabschnitte wahrend. Die Häuser haben vielfach eine Gliederung durch Lisenen, und die Fenster sind mit Dreiecks- oder Segmentgiebeln sowie darunter oft mit durch Festons geschmückten Spiegeln versehen. Auf der Attika vieler Häuser standen Vasen und Skulpturen und gaben der Straße dadurch eine repräsentative Eleganz.

Die **Alte Wache** (I E4) entstand 1795–97 als Geschenk Friedrich Wilhelms II. an das Regiment »Prinz von Preußen«, nach Konzeption von Andreas Ludwig Krüger mit an beiden Hauptseiten platzierten ungewöhnlichen Arkaden auf doppelten Säulen. Sandsteinplastiken von Göttern und Trophäen stehen auf der Attika. Heute ist das frühklassizistische Gebäude Filiale einer Bank.

**Platz der Einheit** (I F4): Der heute stark frequentierte Schnittpunkt des öffentlichen Nahverkehrs wurde früher auch Nauensche Plantage und später Wilhelmplatz genannt. Es handelt sich um einen der ältesten Plätze der Stadt. Bei seiner Umbauung im 18. Jh. mussten nahezu alle Häuser wegen des sumpfigen Untergrunds auf Pfählen errichtet und viele sogar nach kurzer Zeit ersetzt werden. Friedrich II. ließ auch hier nach Vorlagen einige Prachtbaufassaden entstehen, die allerdings zur Zeit des Nationalsozialismus und im Zweiten Weltkrieg zum größten Teil zerstört wurden – wie an der Alten Synagoge, deren erster Bau von 1768 Anfang des 20. Jh.s umgebaut und in der Pogromnacht am 9. November 1938 beschädigt wurde. Heute befindet sich an dem Wohnhaus eine Gedenktafel. Unmittelbar daneben schließt das neobarocke Gebäude der **Hauptpost** (I F4) an, ein Entwurf von Ernst Hake (1844–1925). Es wurde 1900 von Kaiser Wilhelm II. eröffnet, wobei man schon 1936 die Hauptkuppel in der Mitte sowie Türme auf den Eckrisaliten zurückbaute. Auf der gegenüberliegenden Seite des Platzes, an der Ecke zur Yorckstraße am Kanal, befand sich der Vorgängerbau.

**Alte Post** (I F4): Der Vorgängerbau der Hauptpost wurde 1783/84 nach Plänen von Georg Christian Unger errichtet, jedoch im Krieg stark beschädigt und somit 1958 abgerissen. Zehn Jahre später entstand an dieser Stelle ein neungeschossiger Plattenbau als Reisebüro. 2009 ist auch dieser Bau aufgrund des Sanierungsstaus, der mangelnden Gebäudeattraktivität und der allgemein ablehnenden Haltung DDR-Architektur gegenüber abgerissen worden. Das heute an dieser Stelle befindliche Haus ist eine Bank und zitiert in seiner Formensprache die Architektur des friderizianischen Vorgängerbaus.

**Mercure Hotel »Potsdam City«** (I F4): Das Hotel wurde unter der Leitung von Sepp Weber und weiteren Architekten geplant und 1969 als Interhotel eröffnet. Unmittelbar im Bereich des ehemaligen Lustgartens an der Langen Brücke zur Havel gelegen, setzt es als Bau der DDR-Zeit mit seinen 54 m Höhe ein starkes städtebauliches Zeichen. Forderungen, es abzureißen, gab es mehrfach. Das Obergeschoss enthält eine Bar und der zweigeschossige Sockel die Rezeption, Restaurants und Serviceräume sowie Terrassenanlagen.

Auf dem Areal rings um das Hotel erstreckte sich ab dem 16. Jh. der **Lustgarten** (I F4–5). Er gehörte zum Stadtschloss, wurde jedoch unter Friedrich Wilhelm I. im frühen 18. Jh. in großen Teilen zu einem Exerzier- und Paradeplatz umgestaltet. Mit dem Bau des Ernst-Thälmann-Stadions 1948/49, dem Abriss des Schlosses 1960 und dem Ausbau der heutigen Breiten Straße zu einer »sozialistischen Magistrale« verlor der Lustgarten seine Bedeutung. 1999 hat man das Stadion wieder entfernt, und anlässlich der Bundesgartenschau 2001 ordnete das Architekturbüro Dietz und Joppien die große Fläche vom Hotel bis zur Havel in Anlagen für Volksfeste, Sport und Erholung.

Die **Freundschaftsinsel** (I F4), direkt in der Havel, aber am östlichen Teil der Innenstadt gelegen, wirkt wie eine Oase. Man kann sie zum Beispiel über den Zugang von der Langen Brücke aus betreten. Sie entstand durch die Ablagerung von Schwemmsand und wurde ab 1937 durch den Einfluss des Staudenzüchters Karl Foerster und Gartengestalter wie Hermann Mattern, Hermann Göritz und Hiltrud Berndt in eine paradiesische Grünanlage verwandelt. Die bezaubernde Bepflanzung wird durch Pergolen, Wasserbecken, Skulpturen, Pavillons, eine Freilichtbühne und ein Restaurant ergänzt. Am östlichen Ende der Insel führt eine Brücke in einen der ältesten Teile Potsdams, auch wenn das erstmal nicht so erscheint.

Anstelle der heutigen Seniorenresidenz »Heilig Geist Park« (Burgstraße 31), die mit Aussichtsturm nach Entwurf des italienischen Architekten Augusto Romano Burelli 1997/98 errichtet wurde, befand sich im 8./9. Jh. eine Slawische Burg und ab 1725 die **Heilig-Geist-Kirche** (III G4). Pierre de Gayette konzipierte Letztere im Auftrag von Friedrich Wilhelm I. als schlichten Baukörper. Drei Jahre später erhielt sie durch Johann Friedrich Grael einen insgesamt 87 m hohen Turm. Zusammen mit den Türmen der Garnison- und der Nikolaikirche bildete er das weithin sichtbare Drei-Turm-Stadtpanorama. Beim Einmarsch sowjetischer Truppen 1945 brannte der Kirchturm aus, und 1960 wurde die Ruine abgerissen. Der Blick vom heutigen Aussichtsturm aus in Richtung der Stadt zurück geht ein Stück durch die Burgstraße, die bis zum Krieg noch bis zur Nikolaikirche führte. Durch den Bombenangriff im April 1945 erlitt dieses Gebiet viele Schäden, was zu umfangreichen Abrissen und einer völligen Neuordnung des Stadtgrundrisses führte. Das gesamte Areal parallel zur Alten Fahrt neben der Freundschaftsinsel ist ein Werk des DDR-Städtebaus. Hinter der Seniorenresidenz beginnt die Große Fischerstraße, deren Begrenzung zum Havelufer hin eine Mauer mit stützenden Bögen bildet. Das sind die wenigen Reste der einstigen Stadtmauer um Potsdam.

## Zweite Barocke Stadterweiterung: nördliche Innenstadt

**Stadtmauer:** Nicht nur in der Großen Fischerstraße (siehe oben) befindet sich ein Rest der Stadtmauer, auch am Luisenplatz (Schopenhauerstraße 33, I E4) hat ein Stück den umfänglichen Abriss überstanden. Heute dient es als Außenmauer für das Restaurant »Alter Stadtwächter«. Friedrich Wilhelm I. ließ die Stadtmauer bei der Umwandlung zur Garnisonstadt errichten. Innerhalb erstreckte sich die ab 1722 zum ersten Mal und ab 1733 zum zweiten Mal erweiterte barocke Altstadt. Es

Brandenburger Tor: die Feldseite am Luisenplatz

war keine Mauer zum Schutz der Stadt gegen Feinde wie meist üblich, sondern eine Zoll- und Akzisemauer, deren wichtigste Aufgabe darin bestand, Soldaten am Desertieren zu hindern. Ihr Verlauf ist durch die Lage der noch bestehenden Tore im Westen und Norden ablesbar und anhand eines begehbaren Grüngürtels für jedermann nachvollziehbar.

Das **Brandenburger Tor** (I E3–4) ist zwar nicht so berühmt wie sein Berliner Pendant, dafür jedoch um einiges älter. Friedrich II. ließ einen Vorgängerbau nach dem Siebenjährigen Krieg (1756–63) abtragen und das neue Tor 1770 als Zeichen des Sieges an der Straße in Richtung Brandenburg errichten, gestaltet gleich von zweien seiner wichtigsten Baumeister nach dem Vorbild des Konstantinsbogens in Rom: Die zurückhaltend-elegante Stadtseite entwarf Carl von Gontard mit korinthischen Pilastern und Festons, und die Feldseite wurde durch seinen

Schüler Georg Christian Unger in weitaus plastischeren Formen mit gebälktragenden korinthischen Doppelsäulen gestaltet.

**Museumshaus »Im Güldenen Arm«** (I E3): Das auf die Handwerkskunst hinweisende Schnitzwerk mit Putti über dem Eingang des fünfachsigen Typenhauses von 1737 gab ihm seinen Namen. Hier wohnte der Holzbildhauer August Melchior Ehrhardt. Wahrscheinlich betrieb er als Böttcher auch eine Brauerei mit Ausschank. Außergewöhnlich war die in Fachwerk ausgeführte Fassade. Das Haus wird vom Kulturbund verwaltet und zeigt Wechselausstellungen.

**Jägertor** (I E3): Wer ab dem Luisenplatz dem von Grün eingefassten Weg nach Norden und danach weiter nach Osten in die heutige Hegelallee folgt, dem zeigt sich das einzige erhaltene Stadttor aus der Zeit von Friedrich Wilhelm I. Es wurde 1733 gebaut und richtet sich nach dem Verlauf der schon seit kurfürstlicher Zeit bestehenden Jägerallee aus. Die Straße führte zum nördlich der Stadt gelegenen Jägerhof, weshalb das Tor mit einer Jagdszene aus Sandstein geschmückt ist. Nur wenige Meter östlich davon befindet sich mit dem Nauener Tor ein weiteres Stadttor.

Das **Nauener Tor** (I F3) besteht aus zwei miteinander verbundenen Rundtürmen und Seitenflügeln. Johann Gottfried Büring ließ diese Architektur 1754/55 im Auftrag von Friedrich II. vor das bestehende alte Tor setzen, welches dann 1867 entfernt wurde. Die Besonderheit des Bauwerks besteht in der Verwendung von mittelalterlichen Formen wie Spitzbögen, Zinnenbekrönung und Fratzenköpfen. Damit ist es das älteste Gebäude auf dem Kontinent, das in den Formen der Neogotik errichtet wurde. Der Platz davor lädt mit Restaurants, Cafés und Wochenmärkten zum Verweilen ein, aber auch zum Besuch des daran angrenzenden Holländischen Viertels.

◆ **Holländisches Viertel** (I F3): Friedrich Wilhelm I. kannte die Niederlande von seinen Reisen, er wusste um die Fähigkei-

Holländisches Viertel: Giebelhäuser in der Hebbelstraße

ten der Bauleute und Künstler – und wollte sie mit ihren Familien in Potsdam ansiedeln. So entstand ab 1733 im nordöstlichen Bereich der Stadt ein Stadtquartier aus 134 Häusern in Ziegelbauweise holländischer Erscheinungsform in vier Karrees. In der Regel drei- und fünfachsige Häuser wurden mit dem Giebel bzw. der Traufe zur Straße und im streng symmetrischen Rhythmus des Barock angeordnet. Die Fenster waren weiß gerahmt, und viele der Türen hatten reich geschnitzte Portale. Die beiden östlichen Karrees wurden unter Friedrich II. bis 1742 fertiggestellt. Die erhoffte Anzahl holländischer Siedler wurde aber nicht erreicht und das Viertel somit u. a. von preußischen Gewerbetreibenden, Künstlern und Handwerkern bewohnt. Im Krieg von Verlusten verschont, folgten für das Viertel Zeiten der Vernachlässigung, sogar Abrisspläne und ab den 1980er Jahren schließlich erste Sanierungen, die nach der Wende intensiviert und abgeschlossen werden konnten.

**Bassinplatz** (I F3): Auch beim Bau dieses Holländischen Viertels zeigten sich die Probleme mit feuchtem, sandigem Untergrund. 1737 wurde zur Entwässerung ein Bassin angelegt. Es befand sich auf der Achse der Brandenburger Straße und war sowohl mit dem Heiligen See als auch mit dem Stadtkanal verbunden. In der Mitte dieses barocken Bassins befand sich ein kleiner Pavillon in holländischem Stil aus Backstein, die »Gloriette«. Da das Becken verlandete, schüttete man es Ende des 19. Jh.s zu. Heute befindet sich hier der Bassinplatz, auf dem täglich ein Markt abgehalten wird. Die Gloriette überstand die Zuschüttung, wurde nach dem Krieg 1949 jedoch abgetragen, als der **Sowjetische Ehrenfriedhof** angelegt wurde. Auf dem seit 1987 unter Denkmalschutz stehenden Friedhof sind 383 Soldaten und Offiziere der Roten Armee zur Ruhe gebettet worden, die in den letzten Kriegstagen gefallen oder kurz danach an den Folgen ihrer Verletzungen gestorben waren.

**Französische Kirche** (I F3): Schon fünfzig Jahre vor dem Bau des Holländischen Viertels wollte der Große Kurfürst ausländische Fachleute anziehen, in diesem Falle die in Frankreich verfolgten Hugenotten. Sein Ansinnen manifestierte sich im »Edikt von Potsdam« 1685. Jedoch bekam die französische Gemeinde erst im Jahr 1753 ein eigenes Gotteshaus, entworfen von Georg Wenzeslaus von Knobelsdorff, am nördlichen Ende der Französischen Straße. Die Architektur des Baus orientierte sich am Pantheon in Rom, doch die Grundform ist stark verkleinert und queroval. Der Eingang besteht aus einem Portikus mit Dreiecksgiebel auf vier toskanischen Säulen; in Nischen Figuren christlicher Tugenden von Friedrich Christian Glume. Der Innenraum ist reformiert, schlicht und von einer hölzernen Empore umgeben. Er enthält seit der Renovierung 1832/33 eine Kanzel von Karl Friedrich Schinkel und seit 1884 eine kassettierte Decke.

**St. Peter und Paul** (I F3): Ein anderes, auch für ehemalige Zuwanderer gedachtes Gotteshaus dominiert den Bassinplatz – die größte katholische Kirche Potsdams. Für die Gewehrmanufaktur wurden schon unter Friedrich Wilhelm I. (reg. 1713–40) Arbeiter aus dem katholischen Lüttich im heutigen Belgien angeworben. Der König sicherte ihnen freie Religionsausübung in der ersten Kirche auf dem Gelände der Gewehrmanufaktur (S. 55) zu. Friedrich August Stüler entwarf die Pläne für den Neubau, die von Wilhelm Salzenberg bis 1870 umgesetzt wurden. Der in der Linie zur Brandenburger Straße stehende eklektizistische Bau zeigt neoromanische, byzantinische und klassizistische Formen. Das Kirchenschiff hat den Grundriss eines Griechischen Kreuzes, die Apsiden erinnern an die Hagia Sophia und der Turm an den Campanile von San Zeno in Verona. Besonders wertvoll ist ein Altargemälde von Antoine Pesne (1683–1757).

An der Kirche beginnt die Brandenburger Straße, die in ihrem Verlauf zur innerstädtischen Fußgängerzone wird. An der ersten Kreuzung quert die heute ebenfalls verkehrsberuhigte Friedrich-Ebert-Straße, früher Nauener Straße, und führt in Richtung Nauener Tor (siehe S. 64).

Die **Große Stadtschule** (I F3) ist ein großes, über 13 Achsen gehendes Gebäude mit drei Risaliten sowie Balkon und einer vasenbestückten Attika über dem Mitteleingang. Hier wurde 1738 die Grande École eingeweiht. Die Urheberschaft für den Entwurf ist nicht gesichert. Berühmte Schüler waren etwa im 19. Jh. Hermann von Helmholtz oder Maximilian Dortu. Und Heinrich von Kleist bereitete sich hier Ende des 18. Jh.s auf sein Studium in Frankfurt an der Oder vor – er ist der Namensgeber der heute in dem Bau befindlichen Schule des Zweiten Bildungsweges.

**Typenhäuser** der Stadterweiterungen: Wer in der Gutenbergstraße mit ihrem Kopfsteinpflaster und den kleinen Geschäften in Richtung Westen geht (I E3), erhält trotz der einheitlichen Erscheinung einen Einblick in die verschiedenen Häusertypen und Zeitepochen. Unter Friedrich Wilhelm I. (reg. 1713–40) sind vor allem zweigeschossige, fünfachsige Häuser mit Mitteleingang und Dachgaube entstanden. Man findet auch einige Häuser mit mehr Achsen, an den Ecken oft Lücken als Brandgasse. Die Gestaltung der Häuser war virtuos, sie unterscheiden sich durch Gesimse, Segment- oder Dreiecksgiebel, durch verschiedene mit Lisenen betonte Risalite, durch Muschelornamente oder Putzspiegel. Höhere Geschossbauten, besonders an manchen Ecken zu finden, stammen in der Regel aus dem späten 19. Jh. In der Straße gibt es aber auch angepasste Lückenbebauung durch Betonbauweise der DDR-

Typenhäuser in der Brandenburger Straße

Zeit zu entdecken, über der Eingangstür oft mit keramischen Plastiken verziert.

Wer an der Kreuzung zur **Dortustraße** (I E3) einen Blick nach Norden wirft, sieht zwischen den Eckhäusern an der gesamten östlichen Straßenseite zur Hegelallee hin Ersatzbauten der 1990er Jahre. Bis kurz vor der Wende 1989 standen hier wertvolle barocke Häuser in jedoch systembedingt vernachlässigtem Zustand. Der gesamte östliche Straßenzug wurde 1988 abgerissen, um viergeschossigen Plattenbauten für Mitarbeiter der Staatssicherheits-Zentrale (in deren Bau in der Hegelallee ist heute die Stadtverwaltung untergebracht) Platz zu schaffen. Die Bürgerinitiative ARGUS stoppte weitere Abrisse – die Häuser gegenüber waren bereits entkernt, konnten jedoch gerettet werden.

**Gedenkstätte Lindenstraße** (I E3): Der durch seine Ziegelfassade auffallende Bau mit neun Achsen und Segmentgiebel über dem Mittelrisalit wurde 1737–39 palaisartig zur Unterbringung von Offizieren gebaut und erhielt den Namen Kommandantenhaus. Er diente während der französischen Besatzung unter Napoleon als Pferdelazarett, war 1809–17 Sitz der ersten Potsdamer Stadtverordnetenversammlung und ab 1820 Gericht und Gefängnis (u. a. als NS-Erbgesundheitsgericht). Die Anlage wurde nach 1945 vom Sowjetischen Militärgericht und 1952–89 als Stasi-Gefängnis für politische Häftlinge genutzt. Die Geschichte des Hauses ist bedrückend, der Besuch der Gedenkstätte jedoch sehr zu empfehlen.

## Vom Hauptbahnhof auf Brauhausberg und Telegraphenberg: südliche Innenstadt

(Für dieses Kapitel siehe die Übersichtskarte auf S. 182 f.)

**Hauptbahnhof** (I F5): Die erste preußische Eisenbahnlinie führte 1838 von Berlin nach Potsdam. In den Jahren der deutschen Teilung verlegte man den Schienenverkehr vom Zentrum zum Bahnhof Pirschheide, denn die Züge nahmen den Weg südlich um Westberlin in die Hauptstadt der DDR. Nach der Wiedervereinigung konnte auch der Regionalverkehr nach Berlin wieder vom alten Gelände an der Langen Brücke aufgenommen werden. Das Architekturbüro Gerkan, Marg und Partner entwarf unter Erhaltung eines unter Denkmalschutz stehenden Wasserturms den wellenförmigen Teil des Bahnhofs, der bis 1999 fertiggestellt wurde.

Im Süden der Innenstadt beginnen die Ravensberge mit dem 88 m hohen **Brauhausberg**. Er erhielt seinen Namen von den Eiskellern, die man zur Lagerung und Kühlung von Bier im Untergrund einrichtete (einige sind erhalten). Am Flussufer der heutigen Leipziger Straße entstand schon ab 1716 aus einem alten Kornmagazin die »Königliche Brauerei«. Im 19. Jh. verlagerte sich die **Brauerei** an den Fuß der heutigen Albert-Einstein-Straße. Die ab 1925 entstandenen Gebäude von Hans Claus und Richard Schepke vermitteln funktionale Geschlossenheit mit klaren Formen des Backsteinexpressionismus. Nach dem Auszug der Bierproduktion 2002 und Leerstand sind die denkmalgeschützten Gebäude mittlerweile saniert und werden als Wohnanlage genutzt.

**Königlich-Preußische Kriegsschule**: Viel prominenter und weithin in der Landschaft sichtbar ist das Gebäudeensemble aus Backstein oben auf dem Brauhausberg, gebaut 1899–1902 von Franz Heinrich Schwechten. Kaiser Wilhelm II. gab den Auftrag zur Errichtung dieser Bildungsanstalt. Die Architektur orientierte sich am englischen Cottage, mit Fachwerk, Erkern und Formen der Renaissance. Ab 1919 war dort das Reichsarchiv, später Heeresarchiv untergebracht. 1936 galt die Architektur als nicht mehr zeitgemäß, Umbauten kappten den Turm und flachten das Dach ab. Ab 1952 war das Gebäude Sitz der SED-Bezirksleitung, im Volksmund »der Kreml«. Das große, ovale Symbol der Sozialistischen Einheitspartei Deutschlands ist wie ein Schatten am Turmschaft noch erkennbar, obwohl nach der politischen Wende zwischen 1990 und 2013 der demokratisch geführte Landtag von Brandenburg dort tagte (heute befindet er sich im rekonstruierten Stadtschloss). Das Gebäude wechselte den Besitzer und soll in Wohnungen umgebaut werden.

**Museum »DAS MINSK«** (Brauhausberg 24): Auch im Zusammenhang mit wichtigen Empfängen der Parteizentrale sowie als Ausdruck der Städtepartnerschaft mit der damaligen sow-

Das ehemalige Terrassenrestaurant »Minsk« am Brauhausberg

jetischen Stadt Minsk baute man in den Jahren 1971–77 das Terrassenrestaurant »Minsk« mit Blick über Innenstadt und Havel. Der Betonbau mit Stahlskelett von Karlheinz Birkholz und Wolfgang Müller gilt als wichtiges Beispiel von DDR-Architektur. Dennoch gab es verschiedene Abriss- und Umbaupläne, bis sich der Unternehmer Hasso Plattner dazu entschied, nach Rekonstruktion des Palais Barberini (S. 47) auch dieses Gebäude als ein Museum zu restaurieren, in diesem Fall für DDR-Kunst.

Architektonisch nicht weniger wertvoll war die benachbarte Schwimmhalle von Eva Herzog, gebaut 1969–71 mit Seiltragwerk und großer Glasfront, die den Blick auf die Stadt ermöglichte. Weil eine Sanierung den modernen Anforderungen nicht hätte gerecht werden können, wurde sie nach jahrelangem Planungsverfahren, das auch Entwürfe von Oscar Niemeyer einbezog, schließlich 2018 abgerissen. Das anschließend gebaute kastenförmige **Sport- und Freizeitbad »blu«** (Brauhausberg 1) stammt vom Hamburger Büro Gerkan, Marg und Partner, das auch den Hauptbahnhof (S. 70) baute.

**Telegraphenberg** (Albert-Einstein-Straße): Ihren Namen erhielt die mit 94 m höchste Erhebung Potsdams von einer 1832 eingeweihten Telegraphenstation. Insgesamt 61 solcher Bauwerke auf Höhenzügen machten eine optische Nachrichtenübertragung zwischen Berlin und dem damals preußischen Koblenz möglich. Der Nachbau eines **Signalarmmasts** auf der Kuppe des Berges erinnert daran. Der Telegraphenberg ist heute wegen seiner wissenschaftlichen Institute, aber auch seiner Architekturgeschichte bekannt. Die Licht- und Luftverschmutzung über Berlin ab Mitte des 19. Jh.s sowie die mit der Eisenbahn gut erreichbare Lage Potsdams führten zur Gründung des **Astrophysikalischen Instituts** an dieser Stelle, das 1874 eröffnet wurde. Mit seinen drei Beobachtungskuppeln und dem Sternenfries war der für den Zeitgeist sehr sparsam gestaltete

Ziegelbau von Paul Emmanuel Spieker ein hochmodernes Wissenschaftsgebäude, das in der Folgezeit weitere Einrichtungen in der Umgebung anzog. Dazu gehören das **Geodätische Institut**, die **Observatorien für Magnetismus** und **Meteorologie** und der 1899 durch den Kaiser eröffnete **Große Refraktor** von Fritz Laske.

Der **Einsteinturm** ist das wohl bekannteste Gebäude des Telegraphenbergs und hat, genau genommen, drei »Väter«: Albert Einstein, der stark daran interessiert war, dass seine Arbeit an der Allgemeinen Relativitätstheorie von der Fachwelt wahrgenommen wurde, Erwin Finlay Freundlich als Wissenschaftler, Organisator und Geldbeschaffer sowie dessen Freund Erich Mendelsohn als Architekt. Durch die Untersuchung des über die Kuppel eingefangenen und in das Kellergeschoss weitergeleiteten Sonnenlichts sollten die vorhergesagten Effekte bewiesen werden. Die ersten Entwürfe Mendelsohns stammen noch aus der Zeit des Ersten Weltkriegs, der Bau erfolgte 1920–22, die technische Ausstattung war 1924 betriebsbereit. Mit der Verwendung des neuen Materials Beton sollte ein Körper in fließenden Formen entstehen. In seiner Einzigartigkeit des plastischen Ausdrucks mit geschwungenen Linien gilt er als eines der wichtigsten Gebäude des Expressionismus. Doch die Ausführung stieß an technische Grenzen, der Umgang mit Beton an gewölbten Flächen war nicht genug erprobt: Man nutzte aufwendige Schiffsschalungen und entschied sich für die Verwendung von Ziegelsteinen im Bereich des Turmschaftes, sicher auch aus finanziellen Gründen. Ein Spritzputz überdeckte die Oberfläche, es mangelte an Wasserschutz. Schon kurze Zeit nach Fertigstellung zeigten sich die ersten Schäden, für die Restauratoren ist der Turm »Dauerpatient«. Er scheint aus einer geböschten Rasenfläche herauszuwachsen, Außentreppe, Terrasse und Eingang werden von geschwungenen Mauern eingefasst. Die Außenanlagen gestalte-

Einsteinturm

te Richard Neutra (ebenfalls in den 1920er Jahren). Im Zuge der Judenverfolgung während des Nationalsozialismus musste der Einsteinturm in »Institut für Sonnenphysik« umbenannt werden, Einstein, Freundlich und Mendelsohn emigrierten. Nach Behebung von kleineren Kriegsschäden dient der Einsteinturm bis heute der wissenschaftlichen Sonnenforschung, ist aber nach Anmeldung von Gruppen in Führungen zugänglich.

Der **Wissenschaftspark Albert Einstein** umfasst heute mehrere Institute auf dem Gelände des Telegraphenbergs. Das größte ist das **GeoForschungsZentrum**. Es nutzt nicht nur viele historische Häuser, sondern erhielt durch Reiner Becker Architekten zwischen 1994 und 2009 auch neue Institutsgebäude. Oswald Mathias Ungers entwarf 1998/99 ein **Laborgebäude für das Alfred-Wegener-Institut** in dreigeschossiger

Halbzylinderform. Das eingangs beschriebene historische Astrophysikalische Hauptobservatorium wird heute vom **Potsdam Institut für Klimafolgenforschung** genutzt und erhielt 2012–14 dazu einen eigenen, kleeblattförmigen Bürobau, mit geflammtem Lärchenholz verkleidet.

Wer an der Pforte den Berg über einen Pfad in nordöstliche Richtung verlässt, gelangt zum ab 1866 angelegten **Neuen Friedhof** mit Krematorium und Aussegnungshalle von Stadtbaurat Karl Fischer, gebaut 1926/27. Der **Alte Friedhof** wurde bereits 1796 angelegt; die dortige Kapelle stammt von Ferdinand von Arnim (1814–1866) und ist damit ein Werk der klassizistischen Schinkelschule.

**Brandenburgische Landesregierung:** Entlang der Heinrich-Mann-Allee stadteinwärts erstreckt sich rechts ein repräsentatives Ensemble aus historischen und modernen Gebäuden, das verschiedene Ministerien und den Sitz der Landesregierung beherbergt. Im 18. Jh. wurde dort erst ein Mädchen-, dann ein Knabenlazarett gebaut. Letzteres wurde 1920 eine staatliche Bildungseinrichtung und ist heute als Haus 2 (Ministerium für Wirtschafts- und Europaangelegenheiten) das älteste Gebäude im Areal. Im 19. Jh. entstanden neben einer Kadettenlehranstalt auch Häuser für Beamte und Offiziere. Das Haus 12 ist heute Sitz des Ministerpräsidenten. Robert Klingelhöffer baute es 1910 in neobarocken Formen um. Beim Bombenangriff am 14. April 1945 wurden einige Gebäude wie eine Schwimmhalle und eine Segelflugwerkstatt zerstört, die meisten jedoch nur beschädigt. Seit 1990, als es wieder das Land Brandenburg gab, erfolgte eine umfassende Sanierung der Häuser und die Eröffnung von drei Neubauten: Kantine (1994), Bildungsministerium (2006) und Finanzministerium (2010).

# Der Westen – Sanssouci und die Brandenburger Vorstadt

## Schloss und Park Sanssouci

Friedrich II. ließ 1744 den eiszeitlichen Hügel westlich der Stadt und unweit des väterlichen Küchengartens terrassieren. In den folgenden Jahren sollte hier nicht nur das berühmte Weinbergschloss Sanssouci entstehen, sondern auch eine große barocke Parkanlage mit wechselnden Partien, Architekturen, Wasserspielen und Skulpturen mit mythologischer Thematik.

**Obeliskportal** (I D3): Mit dem weithin sichtbaren Obelisken ließ Friedrich II. ein Herrschaftssymbol setzen. Hier beginnt nicht nur der Park Sanssouci, sondern mit der Welt des Alten Ägypten auch die Verehrung antiker Kulturen. Für die Ägypter war ein Obelisk die steingewordene Verbindung des Diesseits mit der Götterwelt. Da man Hieroglyphen zur Bauzeit (1747/48) noch nicht entschlüsseln konnte, dienten sie hier nur der Dekoration: Das Geschriebene ergibt keine bestimmte Bedeutung. Georg Wenzeslaus von Knobelsdorff entwarf den Obelisken 1747 zusammen mit der Torbegrenzung aus korinthischen Säulengruppen eher als Ausgang von der Hauptallee im Osten des Parks. Die Torarchitektur schwingt nach außen, und wie auf Strahlen reihen sich die Linden hinter der Mauer in die Umgebung. Die beiden im Original von Friedrich Christian Glume geschaffenen Sandstein-Göttinnen, *Flora* für die Blumen und *Pomona* für die Früchte, schauen nur den Betrachter an, der den Garten verlässt. Sie sind ein Leitmotiv für den Garten, die Verbindung des Sinnlichen mit dem Nützlichen. Vom Obeliskportal hat man einen direkten Blick zum Neuen Palais am anderen Ende der Allee.

Im Wegeverlauf des barocken Gartenteils nach Westen steigert sich die Dramaturgie der Bauten wie die unterschiedlich großen Perlen auf einer Kette. Den kleinen Auftakt bildet die **Neptungrotte** (I D3), 1751–57 nach Entwürfen Knobelsdorffs gebaut, mit den Figuren des Neptun, der Najaden und der Tritonen von Johann Peter Benckert bereichert und im Inneren mit Muscheln grottenartig gestaltet. Aus den seitlichen Muschelschalen sollte kaskadenartig Wasser herabfallen, was erst im 19. Jh. durch Einsatz einer Dampfmaschine gelang. Die Grotte liegt in einem Heckenquartier verborgen, an dessen **Erstem Rondell** Kopien der Büsten von vier schwarzen Menschen und zwei römischen Imperatoren aufgestellt sind. Die Originale entstanden im Zusammenhang mit der Verklärung kolonialer Bestrebungen zur Zeit des Kurfürsten Friedrich Wilhelm. Zwischen 1682 und 1711 war die Brandenburgisch-Afrikanische, später auch Brandenburgisch-Afrikanische-Amerikanische Compagnie am Handel mit Sklaven und Kolonialwaren beteiligt.

**Oranier-Rondell** (I D3): Kurfürst Friedrich Wilhelm (reg. 1640–88) war in erster Ehe mit einer Prinzessin von Oranien verheiratet, worauf sich die Hermen der nächstfolgenden Rondells beziehen. Man sieht den Kurfürsten selbst, seine Gattin Luise Henriette, deren Eltern und weitere Personen des Hauses Oranien. Der Bezug zu den Niederlanden wird auch in der Gartengestaltung deutlich: Friedrich wünschte sich zum Beispiel Berceaux (Laubengänge) und Grottierarbeiten, wie er sie von dort aus eigener Anschauung kannte. Im Vergleich zum französischen Garten ist der holländische kleinteiliger angelegt, und er enthält Obst, Gemüse und natürlich prächtige Blumenpflanzungen.

**Bildergalerie** (I D3): Friedrich sammelte zunächst Werke ◆ von französischen Malern wie Watteau, Pater und Lancret, später kamen italienische und holländische Maler dazu, darunter Werke von Caravaggio (*Der ungläubige Thomas*, um 1595), Guido Reni (*Cleopatra*, um 1626), van Dyck (*Armida bekränzt den schlafenden Rinaldo*, um 1630), Lievens (*Orientale*, um 1626) und viele Gemälde von Rubens. Die Galerie im Schloss reichte für Neuankäufe und Schenkungen nicht mehr aus. So wurde das zwischen Neptungrotte und Sanssouci vermittelnde Gebäude, bis dahin ein Treibhaus für tropische Früchte, 1755–64 durch den Baumeister Johann Gottfried Büring für die Aufnahme der Kunstsammlung des Königs umgestaltet. Äußerlich nahm der Bau Bezug auf Knobelsdorffs Orangerie westlich des Schlosses, die späteren Neuen Kammern. Die Figuren vor der Fassade – Allegorien der Künste und Wissenschaften aus Marmor – stammen aus den Händen verschiedener Bildhauer. Im Innenraum ergeben der Fußboden aus weißem und gelbem Marmor, die reich vergoldete, gewölbte Stuckdecke und die grüne Nordwand als Hintergrund für die Gemälde eine kostbare und sehr sehenswerte Komposition.

**Französisches Rondell** (I D3): Wer nun in Richtung der Terrassen geht, trifft davor auf diesen barocken Höhepunkt der Gartenanlagen. Das Rondell war ursprünglich mit aufwendigen Broderien – Muster bildenden Beeten – bepflanzt. Das große Fontänenbecken auf der Wegekreuzung der beiden Hauptachsen des Parks wird von zwölf Figuren und acht klassizistischen Rundbänken umrahmt. Letztere sind, zusammen mit den vier Säulen und Brunnenwänden Zugaben aus dem 19. Jh. Als kostbare Schenkungen Ludwigs XV. (1715–74 frz. König) kamen die ersten vier barocken Skulpturen, hergestellt von französischen Künstlern, 1750 mit dem Schiff: *Venus* und *Merkur.* Jeweils daneben stehen die Allegorien von Luft und Wasser. Komplettiert wurde das Rondell bis 1760 durch eine Berliner Werkstatt, an den Wegrändern östlich mit *Apollo* und *Diana* sowie westlich mit *Mars* und *Minerva*. Die Elemente der Südseite, neben *Juno mit dem Pfau* und *Jupiter mit der Kuh*, stellen Feuer und Erde dar. Bis 2011 ersetzte man die Originale zum Schutz vor Witterung und Beschädigung durch Kopien.

Wer nun Richtung Süden weitergeht, wird an der **Schloss-achse** (I D3) zwei Sphingen, Frauen mit Löwenkörpern, entdecken. Georg Franz Ebenhech schuf die Figurengruppen 1755 als Auftakt für den Weg zum Schlossberg. Mythologisch stehen sie als Wächterinnen, als Hüterinnen von Geheimnissen ebenso wie als Symbole der Unsterblichkeit.

Die große Treppe führt über die konkav geschwungenen **Terrassen** (I C/D3), die an den Mauern mit Wein und in den verglasten Nischen mit Feigen bepflanzt sind, direkt zum Schloss.

**Schloss Sanssouci** (I C/D3; siehe Abbildung auf S. 2 f.): ◆ Vom Parterre aus lässt sich der Bau visuell nicht ganz erfassen. Knobelsdorff sah einst entweder einen Sockel für das Schloss oder die Verkürzung der oberen Terrasse vor, damit es nicht zu optischen Überschneidungen kommt. Friedrich setzte sich jedoch über diesen Einwand hinweg – was die Beziehung zum Baumeister schwer belastete. In nur zwei Jahren, 1745–47, wurde Sanssouci im Wesentlichen fertiggebaut.

**Außenbau:** Über den parkseitigen Fenstern des hervorschwingenden Mittelrisalits prangt der Schriftzug »Sans, Souci«. Friedrich gab der Nachwelt damit viele Interpretationsmöglichkeiten zu dem einfachen Wunsch, ›ohne Sorge‹ sein zu wollen. An der Fassade des Lustschlosses über dem Weinberg tragen passenderweise 36 trunkene Bacchanten und Bacchantinnen als Hermenpilaster aus Sandstein von Friedrich Christian Glume paarweise das Dachgebälk; auch im Inneren finden sich Bezüge zur Welt des Weingottes mit seinem Gefolge. Die Seitenflügel des Hauptgebäudes schließen an beiden Enden in runden Kabinetten ab, die über hölzerne Laubengänge Sichtbezug zu grünen, mit goldenen Sonnen geschmückten Gitterpavillons haben. Friedrich selbst nutzte neben den mittigen

Prachträumen nur den östlichen Schlossbereich als Privatwohnung. Aus seiner runden Bibliothek konnte er auf die antike Bronzestatue, den *Antinous* (*Betender Knabe*) sehen. Im Vergleich mit der lustvoll-üppigen Gestaltung der gartenseitigen Fassade wirkt die andere nach Norden eher kühl und elegant. Doppelte korinthische Pilaster und Halbsäulen am Mittelrisalit werden auf der Attika in Vasen und Skulpturen fortgesetzt. Den **Ehrenhof** umgeben zwei Viertelkreis-Kolonnaden mit paarweise angeordneten korinthischen Säulen. Die Wahl des Materials, Sandstein, in dieser für Knobelsdorffs Entwürfe typischen Säulenstellung verdeutlicht die Hierarchie von Raum.

**Innenraum:** Wenn man, wie zur Zeit Friedrichs, das Schloss vom Ehrenhof durch den Haupteingang des **Vestibüls** betreten würde, stieße man vor den Wänden auf zehn wiederum paarweise angeordnete Säulen, hier aus edlem Stuckmarmor. Die Säulenpaare im dahinterliegenden Marmorsaal aus Carrara-Marmor steigern den Raum schließlich zur höchsten Noblesse. Schon die künstlerische Ausstattung des Vestibüls zeigt den Charakter des Schlosses: In den vergoldeten Reliefs der Supraporten sind bacchantische Szenen, tanzende Nymphen und weinselige Silenen zu sehen. Aber hier befindet sich auch die Skulptur des sitzenden Kriegsgottes *Mars* von Lambert-Sigisbert Adam (1700–1759), der symbolhaft zwischen den Kriegen zur Ruhe kommt. Der repräsentative Hauptraum des Schlosses, der **Marmorsaal**, zitiert in barock-ovaler Form das römische Pantheon mit offenem Oberlicht und ist auf dem Gesims unter der goldverzierten Kuppel mit Putti und allegorischen Figuren ausgestaltet. Besonders kostbar sind die Inkrustationen des Fußbodens aus schlesischem Marmor. Ob hier wirklich die abendlichen Tafelrunden des Königs stattfanden, die das einige Zeit nach Friedrich entstandene berühmte Gemälde Adolph Menzels (1815–1905) vermittelte (es verbrannte 1945), ist nicht durch Quellen belegt. Zu Friedrichs Gästen gehörten u. a. zeitweise der Philosoph Voltaire, der Italiener Francesco Algarotti, von dem er mit Büchern und Stichen zu architektonischen Vorhaben beraten wurde, sein Arzt Julien Offray de la Mettrie und der Schriftsteller Marquis d'Argens.

**Ostflügel:** Der vielseitig begabte König spielte Querflöte und musizierte regelmäßig mit seinen Musikern, unter ihnen der Komponist Carl Philipp Emanuel Bach (Sohn Johann Sebastian Bachs), im **Konzertzimmer** des Schlosses. Dieses gilt als eines der wichtigsten Beispiele für das friderizianische Rokoko. Der Garten wirkt durch Spiegel in den Raum hinein, und die filigranen Wandverzierungen mit Rocaillen, Pflanzen- und Tiermotiven betonen diese Assoziation mit Gartenlandschaft zusätzlich. Wie in anderen Konzertzimmern Friedrichs nehmen die Bildwerke an den Wänden Bezug auf die *Metamorphosen* des antiken Dichters Ovid, hier in Gemälden von Antoine Pesne (1683–1757). Es folgt das **Schlaf- und Arbeitszimmer** der Königswohnung. Es ist der einzige Raum, der nach dem Tod Friedrichs des Großen (1786) von dessen Nachfolger Friedrich Wilhelm II. im anderenorts längst schon etablierten Stil des Klassizismus umgestaltet wurde. Der dafür verpflichtete Baumeister Friedrich Wilhelm von Erdmannsdorff kam aus Wörlitz im heutigen Sachsen-Anhalt. Die Rocaillen verschwanden, florale, verspielte Verzierungen machten strengen, geraden Formen nach antiken Vorbildern Platz. Bilder von Tierkreiszeichen umgeben ein an der Decke illusionistisch gemaltes Zeltdach von acht Segmenten. Nur der Kamin blieb erhalten. Im 19. Jh. gelangten einzelne originale Möbel des Raums wieder an den ursprünglichen Ort, darunter auch der Sterbesessel Friedrichs II. Den Abschluss des Ostflügels bildet die **Bibliothek**, ein kreisrundes Zimmer im Turm. Einen solchen Ort der höchsten Konzentration nutzte Friedrich schon als Prinz in Rheinsberg. Der Entwurf für das königliche Sanssouci orientierte sich an dieser Erfahrung; sogar die Tür zum Raum besteht aus einem Bücherregal und ist in geschlossenem Zustand nicht als solche zu erkennen. Die Gestaltung aus kostbarem Zedernholz, überzogen mit Ranken und Rocaillen aus vergoldeter Bronze, gibt dem Raum Wärme und Harmonie. Hier fand Friedrich konzentrierte Ruhe für seine Literaturstudien in französischer Sprache – er las u. a. Übersetzungen der wichtigsten antiken Autoren. Vor der direkten Sonneneinstrahlung geschützt, bildete der nördliche Gang im Flügel der Königswohnung als **Galerie** den idealen Raum für die Gemäldesammlung und einige antike Skulpturen. Mit dem Anwachsen des Kunstbestandes wurde die Entscheidung zum Bau der Bildergalerie (S. 77) getroffen, die Friedrich über eine Treppe an der östlichen Außenterrasse erreichen konnte.

**Westflügel:** Die **Gästezimmer** hier waren ausschließlich männlichen Gästen vorbehalten. Man betrat die Räume von der Terrasse aus; an der Nordwand befand sich jeweils der Alkoven (Bettnische), daneben gab es Dienerräume und Kammern. Entsprechend der östlich gelegenen runden Bibliothek hat auch das letzte der Gästezimmer eine runde Form (es ist nicht öffentlich zugänglich).

**Seitenflügel:** Auf der Nordseite, hinter diesen beiden letzten Rundräumen, schließt sich am Ansatz der Kolonnaden jeweils ein Seitenflügel für Küchentrakt und Wirtschaftsräume an. Sie waren ursprünglich in Ziegelmauerwerk errichtet und nur eingeschossig. Zum Garten hin werden sie durch die Laubengänge optisch verdeckt. Als später Friedrich Wilhelm IV. die Gästezimmer als Sommersitz bewohnte, ließ er die Seitenflügel 1841/42 nach Entwürfen von Ludwig Persius erweitern, aufstocken und in der Fassadengestaltung an das Schloss anpassen.

Persius ergänzte auch die beiden seitlichen Enden der großen **Terrasse** durch Rundbänke mit Büsten römischer Imperatoren und zwei ältere Marmorskulpturen von François Gaspard Adam (1710–1761; heute Kopien). Auf westlicher Seite findet man die sich dramatisch mit einer Schlange das Leben nehmende *Kleopatra* und den trauernden *Amor* (1750). Im Osten, auf der **Grabanlage Friedrichs II.** (I D3), spielt die Göttin der Blumen *Flora* mit dem Westwind *Zephir* (1749). Das Werk steht direkt über der Gruft, die Friedrich vermutlich schon vor Fertigstellung des Schlosses anlegen ließ – laut seinem Testament wollte er dort begraben werden. Die flachen Steine auf beiden Seiten markieren Gräber für die Hunde des Königs. Friedrichs Wunsch wurde von seinem Nachfolger nicht erfüllt; sein Sarkophag kam in die Garnisonkirche (S. 52), im Zweiten Weltkrieg zum Schutz in ein Bergwerk nach Thüringen, danach über Marburg auf die Hohenzollernburg in Hechingen und erst nach der Wiedervereinigung 1991 unter großer Aufmerksamkeit der Medien letztlich doch auf die Terrassen von Sanssouci.

**Ruinenberg** (II CD2): Der Gedanke an die Vergänglichkeit beschäftigte den König schon bei der Planung der Anlagen auf dem nördlich gelegenen Hügel, auf den man vom Schloss aus über den Ehrenhof hinwegblickt. Wie in einem Bühnenbild hat Knobelsdorff gemeinsam mit dem Theatermaler Innocente Bellavite (1690–1762) künstliche antike Ruinen entworfen: einen Rundtempel, eine Pyramide, drei ionische Säulen und ein Mauersegment nach dem Vorbild antiker Theater. Der mit Zinnen bekrönte Turm stammt von Ludwig Persius aus dem 19. Jh. Der allem zugrundeliegende philosophische Vanitas-Gedanke (lat. *vanitas*, ›Nichtigkeit‹, im übertragenen Sinne auch ›Vergänglichkeit‹) kam als Anregung von Friedrichs Schwester Wilhelmine von Bayreuth, deren Gärten der Eremitage bereits Ruinen im entsprechenden Zeitgeschmack enthielten. Das im Durchmesser fast 40 m große, von den Fragmenten verdeckte

Bassin sollte als Hochbecken für die Bewässerung der Fontänen im Gartenparterre dienen. Leider konnte das extrem teure Projekt zu Lebzeiten Friedrichs nicht verwirklicht werden. Er war schlecht beraten, und es gelang nicht, das Wasser durch Windkraft in Holzröhren auf den Berg zu befördern. Einzig am Becken vor der Bildergalerie kam Friedrich am Karfreitag 1754 in den Genuss, eine Fontäne sprudeln zu sehen. Der Grund waren Niederschläge des vergangenen Winters, die das Wasserreservoir auf dem Ruinenberg teilweise gefüllt hatten.

◆ **Neue Kammern** (II C3): Auf der Westseite des höher gelegenen Schlosses hat die Bildergalerie (S. 77) ein auf den ersten Blick baugleiches Pendant. 1747 entstand hier zunächst eine Orangerie von Knobelsdorff, die Georg Christian Unger 1771–75 zu einem Gästeschloss umbauen ließ. Er gab dem Gebäude als wesentliche Veränderung die Kuppel, um es der ein Jahrzehnt zuvor fertiggestellten Bildergalerie anzugleichen. Neben weiteren Gästewohnungen entstanden vier prächtige Festsäle, die das Friderizianische Rokoko noch einmal zu einer großen Blüte brachten. Friedrich konnte das Haus von Sanssouci aus über eine Treppe erreichen und gelangte dann zunächst in die **Blaue Galerie**, in der durch Stuckmarmor Lapislazuli mit goldenen Adern imitiert werden sollte. Die Enfilade führt über einen ovalen Büfettsaal in die **Ovidgalerie**. Wie andere Konzerträume ist auch dieser mit Szenen aus den *Metamorphosen* des römischen Dichters versehen. Vergoldete Stuckreliefs der Bayreuther Bildhauer-Brüder Räntz auf grünen Wänden zeigen "verschiedene Liebesabenteuer von römischen Göttern. Hohe Spiegel holen die Farben des Gartens in den Raum. Höhepunkt und von besonderer Eleganz ist der **Jaspissaal** in der Mitte des Gebäudes. Er ist an den Wänden mit rotem Jaspis, einem Halbedelstein, und auf dem Fußboden in Kombination mit grauem schlesischem Marmor ausgekleidet. In den westseitig liegenden **Gästeräumen** gibt es kostbare Lack- und In-

Neue Kammern: Ovidgalerie

tarsienarbeiten. Aus architekturgeschichtlicher Sicht besonders sehenswert sind die dort ausgestellten Veduten von Potsdam, gemalte Stadtansichten, die Friedrich eigens für diese Gästeräume in Auftrag gegeben hat.

Am Zugang zu den Neuen Kammern fällt der klassizistische Portikus aus der ersten Hälfte des 19. Jh.s auf, entworfen unter Friedrich Wilhelm IV. von Ludwig Persius. Sowohl die gartenseitig großen Südfenster des Gebäudes als auch die Rampen seitlich des abfallenden Gartenbereichs verraten die ursprüngliche Nutzung als Orangerie. Der Garten davor wurde inzwischen in den barocken Zustand zurückgeführt; geometrische Hecken umfassen Kirschbaumwiesen. Am Weg nach Süden in Richtung Hauptallee stehen zwei Marmorskulpturen, die Göttinnen *Flora* und *Pomona* nach Entwürfen von Friedrich Christian Glume (1714–1752). Sie standen ursprünglich im

Lustgarten des Stadtschlosses und wurden erst anlässlich der Abrissarbeiten 1960 an diesen Ort versetzt.

♦ **Chinesisches Haus** (II C3): Mit dem Aufkommen der ostasiatischen Mode gelangten chinesische Motive in die Gestaltung der Rokokoschlösser; auch Sanssouci zeigt in einem Gästezimmer z. B. chinoise Wandtäfelungen. Das Gebäude (siehe Abbildung auf S. 37) ist durch seine Exotik, das in der Landschaft leuchtende Gold und die besondere Form ein echter Glanzpunkt der Anlage, eine Mischung aus Rokoko und Chinamode. Es entstand auf der Grundlage eines französischen Vorbilds, nach Skizzen des Königs und Entwürfen von Johann Gottfried Büring und wurde 1755 begonnen, konnte aber erst nach dem Siebenjährigen Krieg 1764 beendet werden. Drei Kabinette schwingen aus dem runden Zentralbau heraus und bilden dazwischen Freiräume, deren Dachflächen von Palmsäulen (von Johann Melchior Kambly) aus vergoldetem Sandstein getragen werden. In der Mitte erhebt sich ein Tambour mit abgeflachtem Kegeldach, auf dem ein vergoldeter Mandarin mit Schirm von Benjamin Giese sitzt. Auch die auf ungewöhnlichen Instrumenten musizierenden Figuren und wie in Kulissen Tee trinkenden und rauchenden Menschengruppen in den Nischen sind vergoldet. Sie stammen aus den Potsdamer Werkstätten von Johann Gottlieb Heymüller und Johann Peter Benkert. Da die Künstler des 18. Jh.s ostasiatische Personen nicht aus eigener Anschauung kannten, tragen die Figurengesichter mit Ausnahme der Augen europäische Züge. Wie auch die Außenfassade erstrahlt der Innenraum in den Farben Grün und Gold, zusätzliches Licht fällt über die Fenster des Tambours herein. Musizierende Affen, Papageien, eine mit vermeintlich ostasiatischen Menschen gestaltete illusionistische Deckenbemalung und Porzellan auf Konsolen verbreiten eine heitere, exotische Pracht. Die Seitenräume waren mit kostbaren Seiden aus preußischer Herstellung verkleidet. Der Fund kleiner Reste ermöglichte deren Rekonstruktion bis 1993. Friedrich hatte sich den Einflüssen englischer Gartenkunst nicht ganz verschlossen – man erkennt dies an der Wegeführung und den auf die Architektur bezogenen, damals mehr bepflanzten Gartenpartien um das Chinesische Haus. Da es für kleine Festlichkeiten genutzt wurde, entstand unweit davon im Gehölz eine Teeküche (heute stark verändert).

Auf der **Hauptallee** (II C3) kommt man an einem der vielen Rondelle vorbei, deren Marmorskulpturen dramatische Szenen mit Göttern der römischen Mythologie zeigen oder einfach Allegorien darstellen. An einer anderen Stelle der Hauptallee, zwischen Obelisk und Neuem Palais mit Blick zur Orangerie, stehen am **Plögerschen Figurenrondell** (II B3) acht Skulpturen aus Sandstein: die Attikafiguren des Plögerschen Gasthofs – eines Palazzo nach Entwurf von Andrea Palladio (1508–1580) gegenüber dem heutigen Landtag. Sie wurden 1958, vor dem Abriss des Stadtschlosses, gesichert und hier aufgestellt. 1762–97 befand sich genau hier eine große Marmorkolonnade von Knobelsdorff, geschmückt mit vergoldeten Bleifiguren. Da diese bald verwitterten, hat man sie schon nach 35 Jahren unter Friedrich Wilhelm II. entfernt und das Material für den Bau am Marmorpalais (S. 133) verwendet. Man verlässt den barocken Lustgarten am besten in Richtung Südwesten und geht in den Bereich des **Rehgartens** (II B3). Offene Wiesen und dichte Waldstücke lassen den Gartenteil reizvoll natürlich wirken.

**Freundschaftstempel** (II A3): Weiter westwärts, entlang geschwungener Pfade parallel zur Hauptallee durch den Rehgarten, erreicht man einen Rundtempel. Diesen Monopteros hat Friedrich zum Gedenken und als Verehrung für seine 1758 verstorbene Schwester Markgräfin Wilhelmine von Bayreuth durch Carl von Gontard bauen lassen. Wahrscheinlich stand er keiner anderen Frau im Geiste so nahe wie ihr. Die überlebensgroße Sitzstatue (Original 1771–73 von Johann Lorenz Wilhelm Räntz, 1997 durch Kopie ersetzt) ist von einer göttlichen Aura umgeben, besonders wenn man sie im Zusammenhang mit den Medaillons der Säulenpaare betrachtet, auf denen antike Männerfreundschaften dargestellt sind.

**Antikentempel** (II A3): Auf der Nordseite der Hauptallee, gewissermaßen in einer durch diese Achse gespiegelten Position, befindet sich seit 1769 ein weiterer Rundtempel, ebenfalls nach Entwürfen Carl von Gontards. Anders als sein südliches Gegenstück ist dieser allseits umschlossene Rundbau von außenstehenden, das Gesims tragenden dorischen Säulen umgeben. Der im Durchmesser ca. 16 m messende Bau wird durch Fenster der Dachlaterne belichtet und hat einen kubischen Anbau. Nachdem Friedrich II. vor allem antike Kunstwerke aus der Sammlung von Kardinal de Polignac erworben hatte, war dafür ein Raum zur Aufbewahrung notwendig geworden. So erlangte der Antikentempel museale Funktion für kleine Plastiken, Münzen, Gemmen und alte Bücher. Ein Teil des Bestands wurde nach Friedrichs Tod in eine Berliner Sammlung übernommen; durch die Napoleonische Besatzung ging der Rest bis zur Rückgabe einiger Stücke nach Frankreich. Zeitweilig diente der Raum als Gedenkstätte für Königin Luise nach deren Tod 1810. Heute ist er eine Ruhestätte des Hauses Hohenzollern und nicht zugänglich.

◆ **Neues Palais** (II A3): Als Point de Vue am Ende der Hauptallee ist das Neue Palais Friedrichs II. schon von Weitem erkennbar. Sein Zweck war die Demonstration von Preußen als neuer Großmacht – der Bau wurde errichtet trotz leerer Kassen nach einem nur knapp gewonnenen, verlustreichen Krieg. Friedrich selbst soll das Schloss eine »Fanfaronade«, eine Prahlerei, genannt haben. Es gab der Gesamtanlage einen fulminanten Abschluss in den Formen eines palladianisch geprägten Barock, obgleich in anderen europäischen Fürstenhäusern schon seit einigen Jahren der Klassizismus den Stil bestimmte. Die Ursache dafür liegt in der langen Planung für ein repräsentatives neues Schloss, die bereits in den 1750er Jahren von Johann Gottfried Büring und Heinrich Ludwig Manger begonnen wurde. Friedrich wünschte sich die Anlage zunächst in der südlichen Achse von Sanssouci auf dem gegenüberliegenden Havelufer. Der Siebenjährige Krieg verzögerte das Vorhaben; kurz nach dessen Beendigung wurde jedoch im Mai 1763 hier der Grundstein für das Neue Palais gelegt. Es besteht aus einer im Mittelteil überkuppelten Dreiflügelanlage um einen Ehrenhof. Im Süden und Norden schließen sich zwei weitere, eingeschossige Seitenflügel an. Im südlichen war die Wohnung für Friedrich schon ab 1765 benutzbar. Von dort aus verfolgte und kontrollierte der König selbst den Fortgang des Baus, der von dem Bayreuther Architekten Carl von Gontard geleitet wurde. Auch bei diesem Gebäude orientierte sich Friedrich an verschiedenen Literaturvorlagen. Die angestrebte, ziegelsichtige Bauweise konnte einzig an der südlichen Königswohnung realisiert werden, denn die Herstellung solcher Ziegel war zu aufwendig und teuer. Die anderen Gebäudeteile entstanden deshalb aus einfachen Mauersteinen mit gemalter Imitation von Mauerwerk auf dem Putz. Kolossalpilaster gliedern den Bau, mehrere Hundert Figuren der antiken Mythologie aus Potsdamer Bildhauerwerkstätten stehen auf der Attika und vor den Pilastern am Fuß des Schlosses. Über dem Mittelbau mit Giebeldreieck erhebt sich ein mit Festons geschmückter Tambour, und über der Kuppel tanzen drei Grazien, die preußische Krone tragend. Nach nur fünf Jahren Bauzeit konnte im Sommer 1768 das Schloss eingeweiht werden. Die westlich liegenden Wirtschaftsgebäude, die sogenannten Communs, und die Kolonnaden mit Triumphtor wurden bis 1769 fertiggestellt. Das Bautempo hatte seinen Preis, denn das verwendete Holz war in Teilen nicht trocken genug, und einige Deckenbalken mussten somit schon wenige Jahre später ausgetauscht werden. Scheinbar plante Friedrich schon von Beginn an die Öffnung des Hauses für Besichtigungen, denn bereits 1769 erschien der erste gedruckte Führer von Friedrich Nikolai. Aber hauptsächlich diente das Schloss der Unterbringung von Friedrichs Verwandten und Gästen. Die engsten unter ihnen wollte er allerdings näher bei sich wissen, was schon zwei Jahre später zum Umbau der Neuen Kammern (S. 84) führte. Nachfolgende Generationen der Hohenzollern nutzten das Neue Palais als Sommerschloss oder auch als ständigen Wohnsitz. Unter Erhaltung des friderizianischen Charakters rüstete man es entsprechend der jeweiligen Zeit technisch auf, ab 1870 bekam es Wasserleitungen, Bäder und neue Heizungsanlagen, unter Kaiser Wilhelm II. um die Jahrhundertwende elektrisches Licht, einen Aufzug sowie eine Zufahrtsrampe für das Automobil, mit Kandelaber-Skulpturen von Figuren und Trophäen. Im Neuen Palais wurden zu jeder Zeit hohe Gäste, Monarchen, Thronfolger, Fürsten und Gesandte empfangen, sogar zwei Kaiser geboren – 1831 Friedrich (III.) und 1859 sein Sohn Wilhelm (II.). Am 31. Juli 1914 unterzeichnete Letzterer hier die Kriegserklärung.

**Innenraum:** Beim Gang durch das Neue Palais eröffnet sich ein Blick in die kostbare Vielfalt der barocken Kunst und des Rokoko mit edelsten Materialien. An die erste Stelle gehört der weltweit außergewöhnliche **Grottensaal**. Über die friderizianische Zeit hinaus wurden seine Wände mit tausenden Muscheln, Edelsteinen, Fossilien, Erzen und Glasschlacken verziert. Prunkvolle Gemächer der Gästewohnungen und Säle für glänzende Feste sowie offizielle Empfänge demonstrierten der Welt Reichtum und Macht. Im Obergeschoss des südlichen Seitenflügels befindet sich mit dem **Schlosstheater** ein Theater ohne Fürstenloge, womit Friedrich eine barocke Tradition brach. Es hat die Form eines Amphitheaters; Sitze aus rotem

Samt und Rokokodekor in Gold und Weiß bestimmen die Raumwirkung. Die das Rang-Gebälk tragenden, vergoldeten Hermen ergänzen figürlich den Gesamteindruck. Hier fand 1843 unter der Regie von Ludwig Tieck die Uraufführung des *Sommernachtstraums* von Felix Mendelssohn-Bartholdy statt, der damals Generalmusikdirektor unter Friedrich Wilhelm IV. war.

Beim Neuen Palais informiert ein **Besucherzentrum der Preußischen Schlösser und Gärten** (Am Neuen Palais 3) über ihr Angebot.

**Communs** (II A3): Auch wenn es auf den ersten Blick nicht so scheint, dienten die prachtvollen gekuppelten Gebäude mit den barocken Schautreppen gegenüber des Schlosshofs als Küchen- und Wirtschaftsgebäude, für Dienstpersonal, auch für das der Gäste, für Hofangestellte und Verwaltung. In Ermangelung eines Meerblicks oder einer schönen Gebirgslandschaft schuf der französische Baumeister Jean-Laurent Legeay 1764 die Entwürfe zu dieser staffageartigen Architektur als schönen Anblick von den Gemächern des Neuen Palais aus. Zwischen den Communs liegt eine **Kolonnade mit Triumphtor** im Halbkreis, als Zeichen des Sieges im Siebenjährigen Krieg. Durch dieses Tor hindurch führt die Verlängerung der Hauptachse des Parks, die sich als Lindenallee bis in die dahinter liegende Landschaft fortsetzt und sie dadurch einbezieht.

## Friedenskirche und Marlygarten

**Marlygarten** (I D3): Eigentlich war der Begriff ironisch gemeint. Friedrich Wilhelm I. (reg. 1713–40) benannte damit seinen – im Gegensatz zum Garten von Schloss Marly-le-Roi bei Versailles – einfachen Küchengarten vor den Toren der Garnisonstadt, weil er alles Prunkvolle verachtete. Neben Gemüse und Obst gab es in diesem Revier auch ein Lusthaus und eine Schießbahn mit Kugelfangmauer. Teile dieser Mauer existieren noch am westlichen Fuß des Campanile, des Glockenturms der Friedenskirche – sie wurde im 19. Jh. mit Antikenrepliken verziert, um für einen Brunnen als Rückwand zu dienen. Der Name Marlygarten ist für den harmonisch-hügeligen Landschaftsgarten mit romantischer Architektur geblieben. Peter Joseph Lenné (1789–1866) gestaltete diesen Garten, wie auch den östlich der Kirche liegenden Friedensgarten. Der bei der Anlage des Friedensteichs entstandene Aushub diente der Modellierung des Bodenprofils. So erhebt sich sanft ansteigend, jedoch weithin sichtbar, der **Florahügel** – auf seiner Kuppe steht die Blumengöttin von Emil Wolff (1802–1879), umpflanzt mit einer weiten, fächerförmigen Schleppe aus Blütenflor. Ursprünglich enthielt der abgegrenzte, als Paradiesgarten angelegte Bereich viele Kunstwerke, die allerdings inzwischen verloren sind. Unter ihnen war eine Säule aus blau-weißem Glas (im Jahr 2002 aus Fragmenten rekonstruiert) mit goldenem Kapitell und darauf einem Mädchen mit Papagei. Das Werk nach Entwurf von Ludwig Ferdinand Hesse (1795–1876) war ein Geschenk von Friedrich Wilhelm IV. an seine Gemahlin Elisabeth von Bayern (daher die Farben Weiß und Blau), die sich gern in diesem Garten aufhielt.

**Friedenskirche** (I D3): Auf den Tag genau 100 Jahre nach der Grundsteinlegung von Schloss Sanssouci, am 14. April 1845, wurde der Grundstein für die Friedenskirche gelegt. Wiederum genau 100 Jahre später, am 14. April 1945, brachte die Royal Air Force die einzige Bombardierung über die Stadt, wobei die Friedenskirche von der Kriegszerstörung verschont blieb. An der Stadtgrenze zu den Schlossanlagen sollte das Ensemble ein malerischer Ort sein, der die Monarchie und das Volk in der christlichen Religion verbindet, und gleichzeitig ein seelsorgerisches Zentrum. Friedrich Wilhelm IV. orientierte sich als Herrscher in seiner romantischen Weltsicht am frühen Christentum. 1834 erwarb er ein **Apsismosaik** aus dem 13. Jh. aus einer zum Abriss vorgesehenen Klosterkirche auf Murano bei Venedig. Das Kunstwerk mit Jesus als Weltenrichter war Ausgangspunkt für die Planung der Basilika. Im Marlygarten entstand mit der Kirche bis zur Fertigstellung des Turmes 1850 ein einzigartiges Gesamtkunstwerk aus Architektur und Gartenlandschaft. Als Grundlage dafür ließ der Gartengestalter Peter Joseph Lenné den schon aus Bauzeiten von Sanssouci bestehenden Wassergraben weiterführen und ihn am östlichen Friedensgarten zu einem Teich erweitern. Ideen und Reiseeindrücke aus Venedig flossen in die ersten Entwürfe des Königs ein: Das Kirchenschiff liegt – wörtlich genommen – am

Friedenskirche: frühchristliches Mosaik in der Apsis

Wasser, dessen Oberfläche die Architektur in ihrer Schönheit mit der Apsidengruppe, dem **Campanile** und dem Säulengang verdoppelt. Ludwig Persius verarbeitete alle Vorgaben und Ideen in seinem Entwurf, der sich auch an italienischen Vorbildern orientiert (die römischen Sakralbauten San Clemente für die Kirche und Santa Maria in Cosmedin für den Turm). Da Persius bereits 1845 starb, wurde der Bau von August Stüler sowie Ludwig Ferdinand Hesse und Ferdinand von Arnim zur Ausführung gebracht. Die Seitenschiffe sind durch ionische Säulenarkaden vom Hauptschiff abgeteilt. Das bereits genannte Apsismosaik bildet den wichtigsten Schmuck des Raumes, und über der Orgel an der Westseite fällt Licht durch ein in den Orgelprospekt einbezogenes Rosettenfenster aus farbigem Glas. Der vor der Kirche liegende Narthex, die Vorhalle, schließt über drei Rundbögen und einige Stufen an das tiefer liegende von Arkaden umgebene **Atrium** an, auf dem zentralen Wiesenstück steht als Brunnenfigur die Kopie des segnenden Christus von Bertel Thorwaldsen (1770–1844). Südlich davon, neben dem Campanile mit erwähnter Kugelfangmauer und Brunnenanlagen, erstreckt sich ein mittelalterlich wirkender **Kreuzgang**, umgeben von Räumen für Kavaliere, Schul- und Gemeindearbeit. Offene Bögen, Säulengänge oder das nach der Vorlage des romanischen Stufenportals aus dem Kloster Heilsbronn (in Franken) nachgebildete und 1863 hier aufgestellte **Heilsbronner Portal** geben immer wieder wechselnde Blicke in die Umgebung frei. So schaut man in den Marly- und Friedensgarten oder nach Norden – entlang einer geschickten Sichtverbindung durch den Säulengang über das Wasser und Baluster aus Terrakotta hinweg – in eine andere Epoche: in den Barockgarten Friedrichs II. Die Friedenskirche verkörpert wie kaum ein anderes Ensemble in Potsdam die Italiensehnsucht des Bauherrn – der mit seiner Gattin in der Kirchengruft die letzte Ruhe fand.

**Kaiser-Friedrich-Mausoleum** (I D3): Als Kaiser Friedrich III. nach nur 99 Tagen im Amt am 15. Juni 1888 starb, erhielt er an der Friedenskirche nach dem Entwurf von Julius Carl Raschdorf eine Grablege im Stil der Renaissance mit neobarocken Einflüssen. In dem Rundbau mit Kuppel und seitlichem Altarraum sind neben Kaiser Friedrich III. auch dessen Gattin Victoria, Tochter des britischen Königshauses, zwei Söhne des Paares und seit 1991 auch Friedrich Wilhelm I. beigesetzt (als er 1740 starb, wurde er zunächst in der Garnisonkirche beigesetzt; erst nach Stationen in Thüringen, Marburg und Hechingen kam er nach Potsdam zurück, wie auch der Leichnam seines Sohnes Friedrich II., vgl. S. 83). Hinter diesem Gebäude, am Ende des Säulengangs, befindet sich eine kleine, mit einem Christusbild von August Kloeber (1793–1864) verzierte Pforte: Durch sie kam der König, Friedrich Wilhelm IV. (reg. 1840–61), aus Sanssouci, wenn er die Kirche aufsuchte. Eine hinter Buschwerk verborgene Mauer neben ihr durchtrennt nicht nur einen Laubengang, sondern damit symbolhaft zwei verschiedene Welten, den Barockgarten und den englischen Landschaftsgarten.

## Vom Triumphtor nach Nordwesten bis Bornim und Schloss Lindstedt

**Triumphtor** (I D3): Am östlichen Rand von Park Sanssouci, in der Nähe des Obelisken, befindet sich ein markantes Tor, das 1850/51 unter Friedrich Wilhelm IV. entstand. Die Architekten Friedrich August Stüler und Ludwig Ferdinand Hesse gaben ihm nach dem Vorbild des Argentarierbogens in Rom diese Gestalt. Es ist mit Terrakotten und Formsteinen verkleidet, womit sich schon im Material eine seit Schinkel hoch entwickelte Technik ausdrückte. Neben dem militärischen Sieg über den Badischen Aufstand – damit ehrte der König seinen Bruder Wilhelm – wird in den Reliefs auch der Triumph der Technik durch Eisenbahn und Telegraphie thematisiert (in antike Gewänder tragenden Frauen mit entsprechenden Attributen); dazu kommt eine Reihe weiterer Allegorien der Künste und Tugenden. Der Name Triumphtor bezieht sich weiterhin auf ein großes, in vielen Entwürfen und nur wenigen Teilen realisiertes Projekt: Eine Triumphstraße sollte an dieser Stelle neben einem Hippodrom beginnen, auf den Winzerberg führen, vorbei an einer monumentalen Tempelanlage als Denkmal für König Friedrich II. (reg. 1740–86), und sich dann über ein Viadukt zum Schloss Sanssouci und zu weiteren Gebäuden auf die Höhenstraße fortsetzen. Wenig davon ist realisiert worden; und so steht das Triumphtor etwas verloren und entrückt am Eingang eines terrassierten, mit Wein bewachsenen Hangs.

**Winzerberg** (I D3): Der Mitte des 19. Jh.s von Peter Joseph Lenné gestaltete Weinberg war einer von vielen in der Umgebung von Potsdam. Schon seit 1764 wurde an fünf Hangmauern der Terrassen Wein und Obst hinter Glaswänden gezogen. Die doppelläufige Bacchustreppe zum Plateau der ersten Terrasse erhielt durch das mittige runde Relief ihren Namen. Viele im Garten aufgestellte Tierplastiken gingen in den Kriegszeiten und danach verloren. 1944 entstand im Untergrund ein Luftschutzbunker für 300 Personen, der später verfüllt wurde. Die Anlagen verfielen in den Jahrzehnten danach und konnten durch einen engagierten Bürgerverein nach umfangreichen, preisgekrönten Restaurierungsarbeiten 2018 eröffnet werden. Auf dem Berg baute Ludwig Ferdinand Hesse 1846 das **Winzerhaus** als eine für Potsdam typische Turmvilla. Neben dem mit ionischen Säulen geschmückten Belvedere sind die vier den Balkon tragenden Karyatiden einen Blick wert. Die Zinkfiguren standen zuvor im Caldarium der Römischen Bäder (S. 108), bis sie dort durch Marmorskulpturen ersetzt wurden.

**Kastellanshaus** (I D3): Entlang der Schopenhauerstraße bergauf gelangt man zu einer Treppe, die links auf den Höhenzug von Sanssouci führt. Für den nordwestlichen Anschluss an die Bildergalerie entwarf Heinrich Ludwig Manger schon 1788/89 ein Haus mit grottenartigem Untergeschoss. Im Zuge der Triumphstraßenplanungen wurde in den 1840er Jahren vieles auf dem Höhenzug von Sanssouci repräsentativer gestaltet. Ludwig Persius stockte auch das Kastellanshaus auf; die Ädikula kam wenig später wahrscheinlich durch Ferdinand von Arnim dazu.

**Historische Mühle** (II C3): Westlich hinter dem Schloss drehen sich bei günstigem Wind die Flügel einer weithin sichtbaren großen Mühle. Schon ab 1739 befand sich hier eine Bockwindmühle, wo wenig später in unmittelbarer Nachbarschaft das Schloss für Friedrich entstand. Friedrich Wilhelm II. ließ sie um 1790 als Holländermühle neu errichten. Diese Mühle sowie ein von Ludwig Persius in der Form eines Schweizerhauses umgebautes Stallgebäude nebenan brannten während der letzten Kriegstage 1945 ab. Die Rekonstruktion nach alten Abbildungen konnte 1993 abgeschlossen werden und ist heute im musealen Mühlenbetrieb zu besichtigen. Das Schweizerhaus soll bis 2027 durch Entwürfe des Architekten Peter Kulka in alter Kubatur, aber zeitgenössischen Formen wiedererstehen. Dazu wird auch das sogenannte Mühlenhaus, ein ehemaliges Gästewohnhaus von Friedrich Wilhelm IV., mit Remise in die Restaurierung aufgenommen. Hier wird ein neues **Besucherzentrum der Preußischen Schlösser und Gärten** entstehen (An der Orangerie 1), denn in der Nähe befinden sich der zentrale Parkplatz und ein großes Restaurant.

Hier bietet sich ein Exkurs in das etwa 400 m weiter nördlich gelegene ehemalige Dorf **Bornstedt** an. Johann Heinrich

Haeberlin entwarf in den 1840er Jahren die Pläne für ein malerisch an einem kleinen See gelegenes **Krongut** (II C2) im italienischen Stil. Ab 1867 war es der Wohnsitz von Kronprinz Friedrich (III.) und der englischen Prinzessin Victoria. Bis 2002 wurde es umfassend restauriert und als Zentrum für Gastronomie, Handwerk, Märkte und Veranstaltungen der Öffentlichkeit zugänglich gemacht. Mit der Bornstedter Kirche befindet sich ein architektonisch bedeutsames Ensemble gegenüber.

**Bornstedter Kirche** (II C2): Die Kirche des Dorfes plante August Stüler 1854–56. Der wegen der Nutzung durch das Kronprinzenpaar notwendig gewordene Erweiterungsbau ist 1882 durch Reinhold Persius realisiert worden. Man betritt das Gelände von der Straße aus über einen Eingangspavillon durch den Arkadengang, der direkt auf den freistehenden, 34 m hohen Campanile zuläuft. Der Zugang zur Kirche liegt im Westen, bereits mitten auf dem ältesten Teil des **Bornstedter Friedhofs**. Schon Fontane war von dessen malerischer Wirkung mit dem »freundlichen Charakter einer Obstbaumplantage« auf seinen Wanderungen durch Brandenburg verzaubert. Er notierte: »Was in Sanssouci stirbt, das wird in Bornstedt begraben.« Tatsächlich wurden auf dem ca. 400 Jahre alten Kirchhof mit sehr sehenswerten barocken und klassizistischen Grabsteinen viele Angestellte des Hofes, Militärangehörige, Künstler, Architekten und Gärtner beerdigt. Die berühmtesten Grabstellen sind die für Ludwig Persius (1803–1845) und Peter Joseph Lenné (1789–1866) im zentralen Friedhofsteil, auf dem u. a. auch eine ganze Gärtner-Dynastie, die der Familie Sello, ihre Ruhestätte fand.

**Karl-Foerster-Garten** (siehe Übersichtskarte; Am Raubfang 7, Potsdam-Bornim): Ca. 1500 m weiter in nordwestlicher Richtung befindet sich ein besonderes Denkmal der Gartenkunst – Haus und Garten des Potsdamer Staudenzüchters Karl Foerster (1874–1970). Sein Vater Wilhelm, Direktor der Berliner Sternwarte, ließ das Haus 1911 im Landhausstil errichten (der Name des Architekten ist nicht bekannt); wenig später verlegte Karl Foerster seine Gärtnerei nach Bornim, verbunden mit der Anlage verschiedener Gartenpartien. Dazu gehören u. a. ein Steingarten und ein terrassierter Senkgarten mit Wasserbassin. Foerster wurde vor allem wegen seiner Züchtungen im Staudenbereich bekannt und liebte Gräser als gestalterisches Element im Garten. Nebenher betätigte er sich auch als Schriftsteller.

Ohne den Exkurs nach Bornstedt bzw. Bornim wäre die Fortsetzung des Weges von der Historischen Mühle aus über zwei sehr unterschiedliche Gärten möglich. Man kann von oben in sie hineinsehen, von einer Allee aus, die direkt zur Orangerie führt. Auf dem Weg öffnet sich ein Altan, der im unteren Teil als Grotte den **Nordischen Garten** (II C3) schmückt. Im Kontrast zum schwermütigen Charakter der Pflanzungen aus Nordeuropa u. a. mit Nadelbäumen und zwei großen Ginkgo biloba liegt südlich davon ein im Sommer palmengeschmückter **Sizilianischer Garten** (II C3). Er wurde in den Formen der italienischen Renaissance ab 1856 von Peter Joseph Lenné gestaltet. Der Garten gibt dem Besucher einen Vorgeschmack auf das Erlebnis des sonnendurchfluteten Südens, das sich ihm beim Betreten der folgenden, großen Terrasse bietet.

**Orangerieschloss** (II C3): Allein die Dimension des Gebäudes von mehr als 200 m Länge, die große Doppelturmanlage des Mittelteils mit weiter Wirkung in die Landschaft und den Kopfbauten geben dem Ensemble eine enorme Wirkung (siehe Abbildung auf S. 29). Sie lässt vergessen, wie wenig von den großen Plänen der Höhenstraße tatsächlich verwirklicht worden ist. Friedrich Wilhelm IV. (reg. 1840–61), der begnadete Zeichner architektonischer Visionen, der Romantiker voller Italiensehnsucht, war nebenbei auch noch König. Sein Standbild, 1873 im Auftrag seiner Ehefrau von Gustav Bläser geschaffen, wird zentral vor dem Schloss vom Mittelbogen umrahmt. Das Bauwerk und die Terrasse sind von einer großen Fülle allegorischer und mythologischer Skulpturen geschmückt. Architektonisch hat das Orangerieschloss mehrere Vorbilder, darunter die Villa Medici in Rom und die Uffizien in Florenz. Es wurde schließlich durch August Stüler und Ludwig Ferdinand Hesse in den Jahren 1850–63 verwirklicht. Zwei Pflanzhallen stoßen in einen zentralen Hof des Mittelbaus; das Atrium mit umlaufendem Bogengang wird nach außen zentral durch eine Serliana abgeschlossen – einen hohen, von Säulen getragenen Rundbogen, der die flankierenden schmaleren Öffnungen überragt. Über diesen befinden sich oft kleine Fenster oder Okuli. Das Palladio-Motiv bzw. Venezianische Fenster findet sich auch an der rückwärtigen Seite und in den Arkaden der Kopfbauten wieder. Der Mittelbau enthält im zentralen Teil mit Oberlicht den **Raffaelsaal**. Friedrich Wilhelm hatte den Raum schon zehn Jahre vor Bauausführung sehr detailliert skizziert, mit der geplanten Hängung der Sammlung von Kopien von Raffael-Gemälden seines Vaters. Diese Arbeiten unterschiedlich beauftragter Kopisten zeigen die große Verehrung der Renaissance im 19. Jh., die auch der äußere Bau ausstrahlt. Ganz im Gegensatz dazu erscheinen die Räume der Königsgemächer in einer erneuten Blüte von Rokoko-Formen. Zwei königliche Appartements grenzen an den Raffaelsaal, im Westen das für den König, im Osten das für seine Gemahlin; beide sind über eine Loggia in der Mitte miteinander verbunden. Die Wohnungen waren, wenn nicht gerade durch hohe Gäste des Hauses genutzt, ebenso wie der Raffaelsaal für die Öffentlichkeit zugänglich.

Von der Aussichtsplattform der großen Doppelturmanlage über dem Mittelbau hat man einen weiten Blick über die Parkanlage von Sanssouci und Teile von Potsdam. Aber auch die

Orangerieschloss: Raffaelsaal

weit vorgelagerten, mit Wasserspielen, Blumenbeeten und Skulpturen reich geschmückten Terrassenflächen bieten Blicke auf weitere, tiefer gelegene Brunnenanlagen. Hier, unterhalb der Orangerie, entstanden 1913 aus Anlass des 25-jährigen Thronjubiläums von Kaiser Wilhelm II. die sogenannten **Jubiläumsterrassen** (II C3). Sie setzen sich in einem ehemals mit Blumen bepflanzten Parterre mit der Skulptur des Bogenschützen von Ernst Moritz Geyger (1861–1941) und des Reiterstandbildes von Friedrich II., einer verkleinerten Nachbildung der Arbeit Christian Daniel Rauchs (1777–1857), fort. Die Achse endet auf der Hauptallee (S. 87) an dem ehemaligen Standort von Knobelsdorffs Marmorkolonnade.

Westlich unterhalb der Orangerieterrassen befindet sich das sogenannte **Paradeisgärtl** (II B3). Es wurde Mitte des 19. Jh.s für die Zucht von südländischen Kulturpflanzen angelegt, gehört heute zum Botanischen Garten der Universität Potsdam und ist auch wegen eines besonderen architektonischen Kleinods unbedingt einen Abstecher wert: Ludwig Persius entwarf hier 1844/45 ein **Stibadium**, einen am Wasser gelegenen Ruheplatz, nach Zeichnungen Friedrich Wilhelms IV. Abstrakt gesehen, ist es ein Atrium, also der zentrale Raum einer römischen Villa mit offenem Dach und Verteilerfunktion in andere Räume. Die drei von diesem Hof abgehenden »Gemächer« sind der Garten, die vierte Seite bildet eine Konche, eine halbkreisförmige Nische, die Wände sind mit Malereien versehen. Korinthische Terrakottasäulen tragen das nach innen geneigte Dach. In der Mitte des zum Auffangen des Regenwassers vorgesehenen Impluviums reißt ein bronzener Adler ein Reh. Der Gebäudeabschluss besteht aus einem tempelartigen Kranz von Triglyphenfeldern. Die farbigen Glasvasen in den Metopen geben der kleinen Architektur, die sich zudem in einem Wasserbassin spiegelt, ihren besonderen Reiz. Die **Kaskadentreppe** gegenüber wurde 1846 durch Ludwig Ferdinand Hesse gestaltet. Wer den Weg oben auf der Höhenstraße weiter westwärts geht, gelangt nach der 1905/06 entstandenen Prinzenbrücke auf eine doppelte Lindenallee und über diese zu zwei weiteren Gebäuden aus friderizianischer Zeit: Drachenhaus und Belvedere.

**Drachenhaus** (II B2): Die Pagode von William Chambers (1723–1796) aus Kew Gardens war die Anregung für Friedrich II., hier 1770–72 für den Winzer zum Betreiben des daran anschließenden Weinbergs das Drachenhaus durch Carl von Gontard bauen zu lassen. Das Gebäude im chinesischen Stil mit geschwungener Dachform hat drei Pagodenaufbauten mit vergoldeten Drachen und ist heute ein Café.

Den Schlusspunkt bildet das **Belvedere auf dem Klausberg** (II B2) gleich in doppeltem Sinn. Es war das letzte Gebäude, das Friedrich der Große im Park errichten ließ – es entstand 1770–72 unter Georg Christian Unger, quasi als Aussichtspunkt, von dem man das ausgedehnte Kunstwerk, das Ensemble des Neuen Palais mit den Neben- und Parkanlagen, überblicken konnte; und es bildete den Endpunkt der im 19. Jh. angelegten Höhenstraße mit einem (heute zugewachsenen) Blick zurück durch die großen Bögen der Orangerie-Kopfbauten hindurch bis in die Stadt Potsdam zum Turm der Heilig-Geist-Kirche (S. 62). Auch für das kleine Belvedere gab es eine architektonische Vorlage. Friedrich II. verfügte über Literatur mit Stichen, in denen der Archäologe Francesco Bianchini (1662–1729) antike Kaiserpaläste auf dem römischen Palatin nach seinen barock geprägten Vorstellungen rekonstruiert hatte. Aus diesen und der Ansicht eines Brunnengebäudes des *macellum magnum* auf einer Münze aus der Zeit Kaiser Neros entstand der Entwurf für das Belvedere mit einer großen barocken Treppe. Es gehörte zu den wenigen Verlusten des Parks aus den letzten Kriegstagen. Die Ruine wurde von der Messerschmitt Stiftung bis 2002 restauriert.

Wer den hier endenden Höhenzug in nordwestlicher Richtung verlässt, gelangt zu einem kleinen, im Wald versteckten Schloss, das eher wie eine Villa aussieht: **Schloss Lindstedt** (II A2). An diesem Projekt arbeitete Friedrich Wilhelm IV. mehr als dreißig Jahre. Alle wichtigen Baumeister wie Persius, Stüler, Hesse und Arnim waren daran praktisch beteiligt. Einzig die Grundidee einer römischen Villa mag von Schinkel gekommen sein. Es sollte letztendlich der Alterswohnsitz werden. Nach ungezählten Änderungen und Zeitverzügen forcierte der König ab 1858 den Bau, den er schließlich wegen seines Todes 1861 nicht mehr beziehen konnte. Drei aus der Antike zitierte Elemente bestimmen die äußere Architektur: Der korinthische Säulengang ist ein eleganter Zugangsweg von der Straße über den tiefer liegenden Garten zum Haupteingang des Hauses. Von Weitem kann man den massiven, fensterlosen Rundturm mit Abschluss eines Monopteros sehen –

es ist ein wahrlicher Ansichts-, kein Aussichtsturm. Dafür spricht die Tatsache, dass es im Inneren an einer Treppe mangelt, die eines Königs würdig gewesen wäre. Und schließlich fällt ein kurioser römischer Tempel an der Gartenseite des Hauses auf: Wer dort nach Ersteigen der großen Treppe die Tür öffnet, steht sogleich in der Vorhalle eines Doppeltempels und nicht, wie zu erwarten, etwa in der Cella, dem heiligen Ort eines Tempels. Der von Peter Joseph Lenné 1858–60 gestaltete Garten ist an Villen der römischen Antike angelehnt, wie z. B. durch Rekonstruktionen von Beschreibungen Plinius des Jüngeren (um 62 – um 115). Das Haus hat zudem eine interessante Nutzungsgeschichte. Die Besitzer des alten Guts vor dem Umbau waren Vorfahren von Loriot; nach des Königs Tod 1861 wurde das Schloss verpachtet; es diente zur Kaiserzeit als Quarantänestation für Cholera- und Tuberkulosekranke; nach 1918 war es Wohnsitz von Kriegsminister Erich von Falkenhayn, dem Schwiegervater von Henning von Treskow, später Institut der Pädagogischen Hochschule und schließlich Gerichtsmedizinisches Institut. Seit der Sanierung 1996 ist es im Besitz der Schlösserstiftung.

## Charlottenhof und Römische Bäder

◆ **Park Charlottenhof** (II A/B4): Als Kronprinz Friedrich Wilhelm 1825 zum Weihnachtsfest von seinem Vater ein Gut südlich des Rehgartens erhielt, gab es bereits erste Pläne zur Landschaftsumgestaltung durch Peter Joseph Lenné. Zu den Vorbesitzern des Vorwerks gehörte neben Büring und Gontard in den Jahren 1790–94 auch Charlotte von Gentzkow. Deren Name wurde übernommen; doch der Name diente auch der Verehrung Charlottes, der Schwester des Prinzen, die nach ihrer Verheiratung nach Russland Alexandra genannt wurde. Peter

Joseph Lenné plante die Ausweitung des Schafgrabens, der Wasserverbindung zwischen der Havel und dem Schlossgarten. Der Aushub des entstehenden Teichs diente der Herstellung des Bodenreliefs und der Schlossterrasse. Die Entwürfe für Schloss Charlottenhof von Karl Friedrich Schinkel im Zusammenhang mit Lennés Gartenkunst und der ambitionierten Regie Friedrich Wilhelms führten zu einem weltweit herausragenden Gesamtkunstwerk des Klassizismus. Die philosophische Gedankenwelt, das Interesse an römischer Antike und die Philanthropie des Kronprinzen bestimmten die Anlage bis ins Detail. Er nannte sie sein »Siam« (ein fernöstliches Land [im heutigen Thailand], das durch keine fremde Macht beherrschte ›Land der Freien‹, auf das man Sehnsüchte projizierte).

Das Schloss und das Gärtnerhaus mit ihren jeweiligen Anlagen liegen auf zwei unterschiedlichen Achsen, die sich auf der neu entstandenen Wasserfläche treffen, dem **Maschinenteich** (II B4). Den Namen erhielt dieser durch eine Dampfmaschine mit 3 PS von Franz Anton Egells, die 1827 am Westufer zur Bewässerung der Anlagen installiert wurde und bis 1873 arbeitete. Der Schornstein bildete einen Kandelaber. 1923 wurde das Maschinenhaus entfernt – heute zeigt eine Marmorschale den Standort an. In der Gedankenwelt der Planungen gab es mit der Dampfkraft eine symbolische Verschmelzung der Elemente Feuer und Wasser zum Beginn der Schlossachse.

**Schlossachse:** In ihrer Ausrichtung von Osten nach Westen zeichnet sie sowohl den Tageslauf als auch den Lauf des Lebens und der Geschichte nach. Die kleine Laube mit *Satyrknabe* von Christian Daniel Rauch (1777–1857) inmitten eines **Rosengartens** könnte man danach als Urhütte des ersten Menschenpaars im Paradies verstehen und die Untermauerung der Rundbank mit den angedeuteten Urnennischen als das Ende irdischen Lebens. Nur wenige Menschen gehen in die Geschichte ein, *Clio*, die Muse der Geschichtsschreibung, und

*Apoll* säumen den Treppenaufgang, der zur **Terrasse** führt. Eine Pergola begrenzt sie südlich. Von der weinberankten halbkreisförmigen Sitzbank eröffnet sich über Elemente von Wasserkunst der Blick auf die Geschichte, zum Neuen Palais und auf den rückwärtigen Portikus des Schlosses, als Symbol von – zukünftiger – Herrschaft als König. Karl Friedrich Schinkel (1781–1841) hat **Schloss Charlottenhof** (II B4) symmetrisch ausgerichtet, die von Wasser begleitete Achse setzt sich im Gebäude fort und ist, wie auf der Terrasse, auch im Treppenhaus durch Brunnen gekennzeichnet. Einzig ein halbrunder Erker in den nördlichen Garten bricht die Strenge des Grundrisses auf. Der Haupteingang in Form eines monumentalen Portals liegt im Westen; zwei Gazellen von Wilhelm Wolff (1816–1887) bekrönen die Mauern des vorgezogenen Mittelrisalits. Vestibül und Wohnräume des Schlosses sind klassizistisch gestaltet, wobei das **Zeltzimmer**, ein Schlafraum der Hofdamen, durch Originalität auffällt. Es ist wie ein Zelt für römische Feldherren gestaltet, und die Materialien sind blau-weiß gestreift – wie die Fensterläden ein Zeichen für die bayerische Herkunft der Kronprinzessin. Verfolgt man die Hauptachse weiter in Richtung Westen, so verläuft sie über einen durch Platzierung deutscher und italienischer Schriftstellerhermen so genannten **Dichterhain** (II B4) mit antiker Quincunx-Pflanzung von Kastanien. Diese Anordnung der Bäume im Fünfpunktmuster des Würfels ermöglichen Sichtachsen in alle Richtungen. Das Ende der Hauptachse bildet eine Kopie der antiken *Ildefonso-Gruppe*. Die Zwillinge Castor und Pollux stehen hier symbolhaft für Schlaf und Tod; ein geplantes rechteckiges Wasserbecken zu ihren Füßen sollte das Schloss oder eben die untergehende Sonne spiegeln, wurde jedoch nicht ausgeführt. Eine Heckenkonche grenzt die Skulptur vom dahinterliegenden Waldstück mit dem **Hippodrom** ab (II B4). Rekonstruktionen der Gartenanlagen, die Plinius der Jüngere (um 62 – um 115) für seine Landsitze beschrieb, dienten als Vorbild für die stufenartig bepflanzte Anlage in Form einer Pferderennbahn. Der innere Gartenbereich war bewusst versteckt und wurde erst mit dem Bau der **Fasanerie** (II B4) 1842–44 durch Ludwig Persius in der Ost-West-Achse geöffnet. Das Ensemble der Fasanerie mit Turm im italienischen Stil ist durch die harmonische Addition der Bauteile zu einem malerischen Blickpunkt geworden, für den man sogar eine Sichtschneise vom Freundschaftstempel (S. 87) aus herstellte. In dem Gebäude wohnten nach Auflösung der Fasanerie u. a. 1918–34 die Verlegerin Irmgard Kiepenheuer und anschließend bis in die 1940er Jahre der Musiker Wilhelm Furtwängler.

**Die zweite Achse**, die am Maschinenteich beginnt, führt in nahezu nördlicher Richtung über eine Insel und die Römischen Bäder (S. 108) zur **Meierei** (II B4). Friedrich Wilhelm wünschte sich das Gärtnerhaus als Bestandteil des künstlerischen Programms in italienischem Ambiente, wie eine Fabbrica, eine scheinbar zufällige Fügung unterschiedlicher Nutzbauten zu einem malerischen Ensemble. Letzteres ist Karl Friedrich Schinkel mit seinem durch Ludwig Persius 1829–41 realisierten Entwurf gelungen; zufällig ist dabei nichts. Die **große Laube** zwischen Gärtner- und Gehilfenhaus lockt mit einem idyllischen Sitzplatz und einem *Bacchantengelage* von Christian Daniel Rauch aus dem Jahr 1834 den Müßiggänger zum Verweilen. Er muss sich entscheiden: Nur der Strebsame kann durch körperliche Arbeit beim Erklimmen der darauffolgenden Treppe zum Licht kommen, also das Elysium mit der weiten Aussicht auf dem Dach erreichen. Das **Gärtnerhaus** enthielt die Wohnräume für den Hofgärtner Hermann Sello, oben repräsentative Gästequartiere, und im Turm ein Badekabinett sowie die Zisterne. Der hinter dem Gärtnerhaus liegende Hof mit einer aus barockem Brunnen gespeisten Fontäne führt zu einem **Pavillon** mit Terrasse am offenen Wasser. Der

Schafgraben ist von einem Laubengang überwölbt, und im Norden öffnete eine Orangerie ihre Bögen zum Garten. Als klar war, dass sich die Wünsche Friedrich Wilhelms nach dem Bau einer römischen Villa antiken Vorbildes westlich von Charlottenhof nicht erfüllen würden, ließ er der Pflanzhalle wenigstens eine römische Badeanlage nach antikem Vorbild anfügen. Zu den Räumen des Komplexes **Römische Bäder** (II B4) gehört ein mit pompejanischem Rot und Malereien versehenes Atrium, dahinter das nach oben offene Impluvium. Wie ein Minigarten im Inneren des Gebäudes liegt das Viridarium, an der östlichen Seite führt ein Außengang mit toskanischen Terrakottasäulen zurück zur Arkadenhalle. Das Caldarium, das eigentliche »Warmbad«, ist mit grünem Stuckmarmor gestaltet; vier Karyatiden aus Carrara-Marmor tragen das Gebälk mit Oberlicht über dem in den Boden eingelassenen halbrunden Becken. Alle Räume sind mit auf die Antike bezogenen Kunstwerken ausgestattet. Aber es gab weder eine Fußbodenheizung (wie in der Antike) noch Warmwasser, eigentlich gar kein Wasser, außer dem seltenen Regen im Becken. So blieben die Römischen Bäder eine Erquickung einzig für den Sehsinn – und gaben dem Gärtnerhaus seinen Namen. Vor dem Hauptzugang des Gebäudes breitet sich das **»Italienische Stück«** in den Wiesenbereich aus, ein Garten, in dem südländische Gemüsesorten wie Artischocken, Mangold und Kürbis gezogen wurden. Nördlich der Römischen Bäder, entlang eines ehemaligen Wirtschaftsgartens mit durch trockene Senken noch zu erkennenden Teichen, gelangt man zur alten **Meierei am Kuhtor** (II B4). Dieses malerisch mit einem großen Bogen versehene Gebäude liegt am Wasser des Schafgrabens und bedeutet den Übergang zwischen Rehgarten und Charlottenhof. Es wurde 1833/34 nach erstem, eigenständigem Entwurf von Ludwig Persius gebaut.

Sosehr Friedrich II. (reg. 1740–86) in den meisten Bereichen reüssierte, beim Thema Fontänen in Sanssouci war er schlecht beraten. Erst die Dampfkraft ließ, knapp 100 Jahre später, das Wasser in den Gärten sprudeln. Als 1842 das **Dampfmaschinenhaus** (I D4), das heute so unscheinbar zwischen DDR-Plattenbauten an der Havel liegt, eröffnet wurde, war dies ein preußisches Staatsereignis. Zwar handelte es sich nicht um die erste Dampfmaschine in preußischen Gärten, aber um eine Meisterleistung der Verbindung von Industrialisierung, Architektur und Kunstfertigkeit. August Borsig aus Berlin hat diese zweizylindrige Maschine mit 80 PS konstruiert und damit

Dampfmaschinenhaus
für Sanssouci

1840 sogleich die Kubatur des Hauses festgelegt. Da der König Schornsteine von Sanssouci aus nicht sehen mochte, schrieb er 1841, es möge »nach der Art der türkischen Moscheen mit einem Minarett als Schornstein erbaut werden«. Ludwig Persius orientierte sich in den Formen der Architektur an Vorlagen aus Kairo. Das gemeinhin als »Moschee« bezeichnete Gebäude wurde im sogenannten »maurischen« Stil errichtet und gilt deshalb als einer der bemerkenswertesten Bauten in Preußen. Die Gebäudeteile unterschiedlicher Kubatur werden horizontal durch glasierte Ziegelbänder optisch vereint, wobei der gewünschten Wirkung durch weiße Farbe nachgeholfen werden musste. Glasierte Ziegel und Formziegel in orientalischen Mustern ergänzen die Attika, die gestreckte Tambourkuppel und das »Minarett«. Inspirationen für die Innenraumgestaltung insbesondere des gusseiserenen Stützensystems kamen von der Alhambra und der Moschee von Cordoba. Heute arbeiten die Pumpen elektrisch und das Haus kann als technisches Denkmal nach Anmeldung besichtigt werden.

Einige Hundert Meter von der »Moschee« aus nach Westen an der Havel befinden sich die **Dampfmahlmühle** (II C5) und Magazine der ehemaligen Königlich Preußischen Seehandlung, 1841–43 von Ludwig Persius gebaut. Es handelt sich um die ersten Industrieanlagen Potsdams. Der König gab Geld aus dem Immediatbaufonds zu deren architektonischer Verschönerung, weil man sie damals von der Sanssouci-Terrasse sehen konnte. Zwei große Speichergebäude sind H-förmig durch einen Mitteltrakt miteinander verbunden, an dem sich havelseitig das eigentliche Mühlengebäude befindet. Den Hof zur Straße begrenzen zwei ehemalige Beamtenwohnhäuser, zwischen denen eine dreibogige Arkadenhalle das Tor bildet. Rundbogenfenster, Zinnenbekrönung und der Turmaufbau des Mühlenhausgebäudes geben dem Ensemble ein mittelalterliches Gesicht. Der Entwurf von Ludwig Persius sah Klinkerverblendung vor, aus Kostengründen entschied sich die Seehandlung aber für einen gequaderten Putz. Nach teilweiser Restaurierung und Anbauten sind gegenwärtig verschiedene Nutzungen zu finden, u. a. durch ein Hotel, Gastronomie und ein Fitnessstudio.

**Luftschiffhafen** (siehe Übersichtskarte): Schon der Name weist auf eine spannende Geschichte hin. Sie beginnt um 1910 mit dem Traum der Potsdamer Stadtregierung, das Gelände an der Havel einem modernen Luftfahrtzentrum zur Verfügung zu stellen. Die von Graf Zeppelin gegründete Gesellschaft baute 1911 die Toranlage mit zwei Türmen aus rotem Ziegelmauerwerk (sie steht heute noch an der Zeppelinstraße), ein Jahr später die damals weltgrößte Produktionshalle für Zeppeline, dazu Landeplätze, ein Wasserstoffgasometer für die Füllanlage, eine Werkstatthalle mit Sheddächern sowie ein Verwaltungs- und Sozialgebäude. Insgesamt 16 Zeppeline wurden hergestellt, doch mit dem Ende des Ersten Weltkriegs mussten aufgrund des Versailler Vertrags die Halle und andere Teile der Anlage abgerissen werden. Ab 1925 begann auf dem Gelände die Realisierung eines Land- und Wassersportplatzes. Fast alle Gebäudeteile der Sportanlage wurden von dem seit 1918 tätigen Stadtarchitekten Reinhold Mohr entworfen, u. a. Umkleidegebäude für Sportler und Badegäste, ein Sprungturm oder die noch vorhandene Tribüne des Stadions in Ziegel-Holz-Konstruktion von 1926. Das Stadion war für 15 000 Personen vorgesehen, die Eröffnung fand 1927 statt. Zur gastronomischen Versorgung des Besucherstroms und als Regattaleitung für Ruderer baute Reinhold Mohr 1925 im Auftrag des Magistrats das **Regattahaus** (siehe Übersichtskarte), welches schon 1926 erweitert werden musste (es ist heute noch vorhanden). Hier gelang ihm ein außergewöhnliches Werk der Moderne, das ihn landesweit bekannt machte. Die sich über drei Etagen nach oben verjüngende Holzkonstruktion ist mit

Loggien umgeben und enthält einen zweigeschossigen Saal. Nach nur sieben Wochen war das Haus mit Putz, Stülpschalung und in auffallender Farbigkeit hergestellt. 1930 wurde die Sommerhalle angefügt und 1934 eine Terrasse des Obergeschosses zu einer geschlossenen Loggia umgebaut. Gäste aus Potsdam und Umgebung kamen in großer Zahl, der Ort gehörte zu den beliebtesten Ausflugszielen der Zeit. Das Regattahaus ist im Besitz der Landesbausparkasse und zwar als Denkmal gesichert, aber unsaniert und noch nicht zugänglich.

In einer Achse und nur wenige Meter vom Regattahaus entfernt am Templiner See steht ein weiteres Werk der Klassischen Moderne von Reinhold Mohr, der **Musikpavillon** (siehe Übersichtskarte). Er wurde 1932 fertiggestellt und diente sommerlichen Konzertveranstaltungen als Wetterschutz für Musiker. Der Pavillon steht auf Pfählen am Ufer, und die dreiseitige Verglasung der Schallmuschel gibt den ungehinderten Blick auf das Wasser frei. Das weit überkragende Flachdach scheint über der filigranen Glaswand zu schweben. Auch dieser Bau steht unter Denkmalschutz. Er konnte – anders als das Regattahaus – bereits restauriert und 2013 mit einer Festveranstaltung musikalisch eingeweiht werden.

# Der Norden

## Jägervorstadt

**Werner-Alfred-Bad** (I E3): Als der Flugpionier Werner Alfred Pietschker 1911 im Alter von 24 Jahren tödlich verunglückte, stiftete seine Mutter Käthe Pietschker, geb. von Siemens, ihm zu Ehren ein Volksbad, das der Architekt Paul O. A. Baumgarten bis 1913 fertigstellen ließ. Der Baukörper zur Straße hin ist dreigeschossig und rot verputzt, wobei der Sockel, ein Gurtband und der die Fassade dominierende monumentale Eingang mit Muschelkalkstein verkleidet sind. Dieses Portal besteht aus doppelten gequaderten Pilastern, und der Sturz trägt ein Relief mit mythologischen Figuren der Wasserwelt. Die schmalen Fenster orientierten sich nach den Badezellen. Das ovale Badebecken von 216 m² Wasserfläche befand sich in einem gesonderten Bau rückwärtig. Die es umgebende Architektur lässt an einen sakralen Zentralbau denken. Einen über die Jahre stark verfallenen Pavillon von 1915 stellte man im Zuge der Restaurierungsarbeiten wieder her. Das Bad war bis 1992 als solches benutzbar, stand danach lange Zeit leer und wurde schließlich bis 2009 als ein Gesundheitszentrum saniert. Das ehemalige Becken ist heute ein Biomarkt, historische Einbauten wurden entfernt.

**Villa Persius** (I D3): Das Original der Villa wurde in der Bombennacht am 14. April 1945 durch Fliegerbomben zerstört. Ludwig Persius, der »Architekt des Königs« (Friedrich Wilhelm IV.) hatte dieses Gebäude 1837/38 für seine Familie bauen lassen und damit eines der wichtigsten Zeugnisse des bürgerlichen Villenbaus mit zukunftsweisender Wirkung geschaffen. Es bestand aus einem würfelförmigen Hauptbau, dem im Norden ein kleinerer Würfel und im Südosten eine mit zwei ionischen Säulen versehene Loggia mit Altan angefügt waren. Ein Gurtgesims in der Höhe der Brüstung zog sich um das Hauptgebäude. Dessen Schlichtheit erhielt durch zarte Fugenschnitte in unterschiedlich eingefärbtem Putz und in der Mitte der Westseite zwei rundbogige Nischen übereinander mit *Apoll* und *Minerva* eine elegante Aufwertung. Das nach innen geneigte Flachdach entwässerte in eine Zisterne im Untergeschoss zur weiteren Nutzung des Wassers. Acht Jahre nach Persius' Tod, 1853, ließ Friedrich Wilhelm IV. das Haus durch Ludwig Ferdinand Hesse mit einem Turm versehen. Dadurch erhielt es die Form einer Turmvilla, wie sie in der Folgezeit für Potsdam typisch wurde. 1937 verlor das Grundstück durch Straßenbau einen der beiden Torpavillons; der verbliebene überstand die Kriegszerstörung und ist heute der einzig originale Teil der Anlage. Die Villa wurde 2012–14 durch van Geisten und Marfels Architekten in Anlehnung an das Original als Geschäftshaus rekonstruiert. Viele Bauaufgaben von Persius wurden einst u. a. von Ferdinand von Arnim übernommen, dessen eigene Villa sich unweit nördlich befindet.

Die **Villa Arnim** (I D3) von 1859/60 kennzeichnet einen weiteren bauhistorischen Schnitt. Erstmals wurde hier vom italienischen Villenstil abgewichen. Der Baukörper ist kubisch und hat unter einem Walmdach eine strenge symmetrische Form mit Mittelrisaliten unterschiedlicher Ausprägung an allen Seiten. Ionische Säulen tragen am Eingangsportal einen Altan. Der Grundriss wird durch zwei sich schneidende Hauptachsen gebildet. In der DDR-Zeit war die Villa Sitz der Kammer der Technik, seit der Sanierung kann man die Räume für Veranstaltungen mieten.

**Haus Ahok** (I E3): Eigentlich sollte Ludwig Persius hier auf Wunsch des Königs Friedrich Wilhelm IV. eine chinesische Pagode entwerfen, als Wohnhaus für den in königlichen Diensten stehenden Chinesen Fung Ahok. Dieser war als Schausteller Anfang des 19. Jh.s in Berlin aufgefallen und an den Hof geholt worden. Die von Persius 1843 gelieferten Entwürfe wurden dann allerdings zugunsten eines schlichten dreiachsigen Baukörpers im Stil einer italienischen Fabbrica mit Satteldach und seitlich eingeschossigem Anbau abgeändert. Der mit einer gefärbten Kalkschlämme überzogene Ziegelbau wurde von Persius' Sohn Reinhold, ebenfalls Architekt, 1872 erweitert. Ahok wohnte dort mit seiner deutschen Frau bis zu seinem Tod 1877.

Villa Rohn / **Löwenvilla** (I D3): Die beiden Löwen an der Hauptfront zur Straße gaben der Villa den Namen. Die beteiligten Künstler, der Architekt Emil Lorenz und der Gartendirektor Julius Trip aus Hannover, gestalteten ab 1904 den ländlichen Vorgängerbau am Mühlenberg für den Berliner Bankier Georg Rohn zu einer stattlichen Villa im Neobarock um. Bemerkenswert ist die Differenziertheit der Fassadengestaltung: Das offensichtliche, wenn auch unter der großen Glasfront des geschweiften Mittelrisalits etwas gedrungene Portal ist nämlich nicht als Zugang gedacht. Üppige neubarocke Pracht mit einzelnen Elementen des Jugendstils bestimmt die Hauptansicht. Die zweite, Schloss Sanssouci zugewendete Schauseite ist lediglich durch einen Eckturm akzentuiert. Die beiden anderen Hausansichten, die des schlichten Eingangs an der östlichen Seite und die nach Süden zum Garten hin, wirken im Vergleich dazu sehr unscheinbar. Das Innere der Villa ist dagegen sehr luxuriös bis ins Detail, eine Sichtachse verbindet das Haus mit dem Garten. Der damals sehr namhafte Gartendirektor Trip versah diesen mit einer Grotte sowie Brunnen und Exedra, mit symmetrischen Treppen und einer Treillagearchitektur mit Pergola und Holzpavillon (Letztere ist nicht mehr vorhanden). Fritz von der Lancken, der ab 1941 mit der Familie hier wohnte, wurde als einer der Attentäter des 20. Juli 1944 hingerichtet.

**Villa Francke** (I D3): Der Holzhändler Carl Francke ließ sich von Reinhold Persius 1873/74 eine repräsentative Villa nach italienischem Vorbild der Renaissance als Sommersitz entwerfen. Der von allen Seiten symmetrische Baukörper nach Dresdner Vorbildern (Villen Struve und Hartmann) steht auf dem Grundstück leicht erhöht und wird durch Mittelrisalite akzentuiert. Dabei ist die dem Schloss Sanssouci zugewandte Seite als großes Palladio-Motiv mit Dreiecksgiebel in einem großen Triumphbogen mit Treppe gestaltet. Ähnlich der Löwenvilla befand sich der eigentliche Eingang viel dezenter an der linken Seite. Peter Behrens baute das Haus 1911 für Franckes Tochter Alice Mertens ohne größere Eingriffe in die Originalstruktur um und ergänzte die Anlagen auf dem parkartigen Grundstück durch Garagen und Tennisplätze. Der zur DDR-Zeit als Laborgebäude für ein sowjetisches Lazarett genutzte Bau ging 2018 an neue Eigentümer; sie wollen die gesamte Anlage mit Garten denkmalgerecht herstellen, mit unterirdischen Ausstellungsräumen als Museum für zeitgenössische Kunst.

**Garde-Ulanen-Kaserne** (II E2): Verlässt man die Stadt auf der Jägerallee nach Norden, fällt eine sehr dominante Ziegelfassade im »normannischen« Burgenstil auf. Das Mannschaftsgebäude der Kaserne wurde 1867–69 gebaut, dahinter befanden sich Reitbahnen, Ställe und weitere Gebäude. Die Sanierung bis 2001 schuf Wohnungen, Gewerbe und Ateliers. Die in diesem Zuge erfolgte Errichtung eines Oberstufenzentrums mit abgesenkter Hofanlage von Erich Schneider-Wessling aus Köln hat 2003 den Brandenburgischen Architekturpreis erhalten.

**Wohnsiedlung Am Schragen** (II E2; Am Schragen 1–57 und Pappelallee 1–2): In unmittelbarer Nähe zur Russischen Kolonie (S. 120) fällt eine sehr farbige Siedlung ins Auge. Sie wurde als Beamtenwohnsiedlung für den 1922 gegründeten Verein »Vaterland« in den Jahren 1923–26 unter dem späteren Stadtbaurat Georg Fritsch realisiert und kennzeichnet den

Trend der Reformbewegung. Die zweigeschossigen Wohnhäuser sind durch Torbögen verbunden, Eingangstüren und Schmuckelemente zeigen expressionistische Formen, und Gartenräume fassen die Anlage ein. Bruno Tauts (1880–1938) städtebauliche Arbeiten in Magdeburg mit der von ihm bevorzugten starken Farbigkeit standen hier als Vorbild.

**Volkspark Potsdam** (II D1) im Bornstedter Feld: Nirgendwo in Potsdam ist in den letzten zwei Jahrzehnten so viel gebaut worden wie im Norden der Stadt. Die großen Freiflächen nördlich des Ruinenbergs (S. 83) zwischen der Lennéschen Feldflur und der Nedlitzer Straße sind schon im 19. Jh. als militärisches Gelände durch die preußische Armee genutzt worden. Die dabei entstandenen Kasernen wurden im Nationalsozialismus ab 1934 um eine Kriegsschule und weitere Kasernen ergänzt. Nach 1945 nutzte die Sowjetarmee die Anlagen, bis zum Abzug der GUS (Gemeinschaft Unabhängiger Staaten) 1993. Im Zuge von Stadt- und Landschaftsplanung sowie der Bundesgartenschau 2001 entstand die moderne und jüngste Parkanlage der Stadt, der Volkspark. Darin wurden auf ca. 68 ha Fläche durch die Landschaftsplaner (Latz&Partner und Pütz/Gruppe F) die historischen Wallanlagen in die Gestaltung einbezogen und Quartiere unterschiedlichen Charakters geschaffen. Am Parkcafé von Rolf Gnädinger befindet sich ein beliebter Wasserspielplatz. Das ehemalige BUGA-Ausstellungsgebäude von Barkow Leibinger Architekten ist heute als **Biosphäre** ein Natur- und Umwelt-Erlebnisort. Die Außenbereiche wurden vom Büro Kiefer aus Berlin gestaltet. Die Halle nimmt das Thema der aufgeschütteten Wälle auf und fügt sich in ihrer Stahlkonstruktion mit großer Glasfassade eindrucksvoll in das Parkareal ein. Eine alte Kaserne in der Pappelallee beherbergt heute Teile der Fachhochschule, andere Gebäude wurden zu Wohnanlagen umgebaut und in ihrer Infrastruktur an Potsdam angebunden.

## Nauener Vorstadt mit Kolonie Alexandrowka und Pfingstberg

**Logenhaus** (I F3): Friedrich II. (reg. 1740–86) war Freimaurer, Friedrich Wilhelm II. (reg. 1786–97) Rosenkreuzer; die spirituellen Geheimbünde blühten auch im bürgerlichen Bereich des 19. Jh.s. So entstand 1879–81 das Haus für die Loge »Teutonia zur Weisheit«, die unter Anwesenheit des späteren Kaisers Friedrich (III.) eingeweiht wurde. Der aufwendige und repräsentative Bau hatte einen großen Festsaal im Hauptgeschoss sowie Kabinette und Gesellschaftsräume, entsprechend dem Zeitgeschmack in Formen der Neorenaissance. Der zur Straße vorspringende Gebäudeteil verbirgt hinter dem Mittelrisalit mit abgewandeltem Palladio-Motiv und mehrstufigem Portal das Haupttreppenhaus. Unter dem Nationalsozialismus wurde die Loge aufgelöst. Seit 1994 ist das Haus im Besitz der Loge »Zu den drei Weltkugeln«. (Zum östlichen Teil der Kurfürstenstraße siehe S. 137 ff.)

**Friedrich-Ebert-Straße 32 / Verwaltungsgericht** (I F3): Die Geschäfte der 1868/69 gegründeten Deutschen Lebens-, Pensions- und Rentenversicherungsgesellschaft liefen in der Gründerzeit so gut, dass sie sich hinter dem Nauener Tor 1886/87 ein Direktionsgebäude nach dem Entwurf von Heino Schmieden bauen lassen konnte. Schmieden führte zusammen mit Martin Gropius eines der wichtigsten Architekturbüros in Berlin. Mit der dreigeschossigen und attikabekrönten Hauptfassade an der abgeschrägten Ecke dominiert das Gebäude die städtebauliche Situation und setzt dem neogotischen Nauener Tor stark plastische Elemente der italienischen Renaissance entgegen. Krieg und Inflation führten 1924 zur Übernahme durch die Aachener-Münchener Feuerversicherung, nach dem Zweiten Weltkrieg war das Gebäude Teil der Stadtverwaltung und nach der Sanierung in den 1990er Jahren Landgericht und Verwaltungsgericht.

**Stadtverwaltung** (I E/F2–3): Im Gebäude des in den Jahren 1902–08 nach Entwürfen von Paul Kieschke errichteten Amtssitzes des preußischen Regierungspräsidiums befindet sich heute neben der Stadtverwaltung auch das Büro des Oberbürgermeisters der Stadt Potsdam. Der Plenarsaal des Stadtparlaments liegt zentral im Obergeschoss des konvex aus der Fassade schwingenden Mittelrisalits. Die kupfergedeckte Kuppel des riesigen Gebäudekomplexes im wilhelminischen Neobarock ist eines der die Stadtsilhouette bestimmenden Elemente im Norden. Es enthält ein repräsentatives Haupttreppenhaus mit Elementen des Jugendstils und mehrere kleinere Treppenhäuser. Die Büros im Verwaltungsgebäude werden durch vier Innenhöfe belichtet und gleichzeitig durch Entzerrung der Besucherwege beruhigt. Im südlichen Seitenrisalit befindet sich das Standesamt. Zur Zeit der DDR nahm das Gebäude den Rat der Stadt und den Rat des Kreises Potsdam auf.

Die **Villa Quistorp** (I E3) wurde bereits 1872/73 für den Berliner Bankier und Immobilienkaufmann Heinrich Quistorp errichtet. Der Bauunternehmer Ernst Petzholtz gestaltete den zweigeschossigen Bau mit einer besonderen Ecklösung durch das Anfügen eines runden Erkers, der nach oben einen Altan ausbildet. Viel stärker jedoch wirkt im Stadtbild der westlich aufgesetzte Turm unter Verwendung einer Serliana, dessen Gestalt der Baumeister Petzholtz hier nach der Remise im Prinzenschloss Glienicke wiederholte; durch die Verwendung von Karyatiden wertete er die bürgerliche Villa sogar noch auf. Quistorp verlor das Haus durch Bankrott, spätere jüdische Eigentümer wurden zur NS-Zeit enteignet; nach 1945 nutzte die Sowjetarmee die Villa, in der DDR-Zeit war darin ein Kindergarten, und heute ist sie ein Bürogebäude. Nur wenige Häuser entfernt (Hegelallee 5) befindet sich ein weiteres Quistorp-Gebäude, das die Firma Petzholtz 1873–79 errichtete.

**Landgericht** (I E3): Hinter einem eingezäunten Vorgarten liegt das ehemalige Königliche Landgericht. Es wurde nach Entwürfen von Heinrich Herrmann und Karl Friedrich Endell 1880–83 in den Formen der italienischen Renaissance gebaut. Das Haus wird durch rustizierte Sandsteinverkleidung im Erdgeschoss und Klinkerfassaden mit gequaderten Lisenen sowie Gurtgesimsen gegliedert. Das mittlere Gesims besteht aus einem Mosaikfries von Villeroy & Boch, an dem sich in runden Nischen die Büsten von Brandenburger Hohenzollern befinden. Die beiden großen Nischen am Mittelrisalit enthalten Statuen von Friedrich II. (reg. 1740–86) und Kaiser Wilhelm I. (König ab 1861, Kaiser 1871–88). Eine Sandsteinbalustrade als Attika verbirgt das 1910 erhöhte Dach. Zur Zeit der DDR, als das Gebäude der Staatssicherheit diente, hat man den Bauschmuck in großen Teilen entfernt. Die Sanierung stellte 1997–2001 den Vorzustand wieder her. Heute enthält das Gebäude verschiedene Bereiche der Justiz.

**Villa Hacke** (I E3): Ferdinand von Arnim führte die Villa 1847/48 nach Entwürfen von Eduard Gebhardt für den Grafen von Hacke aus. Der Bau an sensiblem Ort außerhalb der alten Stadtbegrenzung wurde vom König, Friedrich Wilhelm IV., selbst genehmigt. Besonders auffallend ist die Ecklösung durch den oktogonalen Erker mit Pergola. Die Stuckelemente, Trophäen, weisen wahrscheinlich auf das Betätigungsfeld des Bauherrn aus preußischem Adel hin, die Felder über den Rundbogenfenstern sind mit kleinteiligen Terrakottaelementen verziert. Heute befindet sich in dem Haus ein Restaurant, das sich »von Haacke« (mit falscher Schreibung des Namens) nennt.

◆ **Kolonie Alexandrowka** (II E/F1–2): Die architekturgeschichtlich höchst bedeutsame Russische Kolonie gehört zum UNESCO-Weltkulturerbe und geht auf die engen Beziehungen Preußens zu Russland zurück. Nach der Niederlage gegen das

Haus der Russischen Kolonie Alexandrowka

napoleonische Heer 1806 befand sich Preußen im Feldzug ge-gen Russland in einer erzwungenen Koalition, die 1812 mit der Konvention von Tauroggen endete. Die während dieses Feld-zugs in preußische Gefangenschaft geratenen russischen Sol-daten beeindruckten durch ihren melancholisch-vielstimmi-gen Gesang. So wurden 62 Sänger-Soldaten zur Unterhaltung des Heeres und auch zu festlichen Gelegenheiten des Hofes verpflichtet. Die Vermählung Charlottes, der Tochter Friedrich Wilhelms III., mit dem russischen Thronfolger Nikolaus 1817 zeigte die erneute Verbundenheit beider Mächte. Der Tod des Zaren Alexander I. 1825 war Anlass für den Bau der Russischen Kolonie ab 1826. Der damalige Direktor der Landesbaumschule und Gärtnerlehranstalt Peter Joseph Lenné schuf den Entwurf für die städtebauliche Grundstruktur in der Form eines Hip-podroms mit Andreaskreuz, an dem sich symmetrisch **zwölf Gehöfte** für die verbliebenen Sänger mit ihren Familien und im Zentrum das Haus für den preußischen Aufseher verteilten. Friedrich Wilhelm III. beauftragte Kapitän Snethlage mit der Bauaufsicht für die Errichtung von zwei verschiedenen Bautypen der Kolonie. Die ein- bzw. zweigeschossigen Häuser mit Stall und überdachter Tordurchfahrt waren schließlich keine echten Blockhäuser, sondern aus Sparsamkeitsgründen mit halben Baumstämmen verkleidete Fachwerkbauten. Das Vorbild dafür bildeten die Entwürfe des russisch-italienischen Architekten Carlo Rossi für ein Militärdorf, das Katharina II. anlässlich der Geburt ihres Enkels, des späteren Zaren Alexander I. (1777–1825), bei Pawlowsk anlegen ließ. Viele Schnitzereien an Balkonen, Verblendungen und Dächern gehen auf Entwürfe Rossis zurück. Die Bedeutung der Russischen Kolonie in Potsdam verstärkt sich insofern, als vom Original des Militärdorfes nichts mehr vorhanden ist.

Die russischen Sänger erhielten die Häuser mit Grundstücken für die Bewirtschaftung (Obstwiesen und Gemüseanbau) sowie mit einer Kuh im Stall zur Nutzung und durften sie ausschließlich an männliche Erben weitergeben. Im Haus Nr. 2 befindet sich ein Museum zur Geschichte der Kolonie.

Nördlich der Kolonie, auf dem heutigen Kapellenberg, befindet sich die **Alexander-Newski-Gedächtnis-Kirche** (II E1). Alexander Newski (um 1220–1263) war ein 1547 heiliggesprochener Nationalheld Russlands und gleichzeitig Namenspatron von Zar Alexander I. Die Kirche wurde im Zusammenhang mit der Russischen Kolonie für deren russisch-orthodoxe Bewohner nach Entwürfen des St. Petersburger Hofarchitekten des Klassizismus Wassili Petrowitsch Stassow und der Überarbeitung durch Karl-Friedrich Schinkel 1826–29 errichtet. Er ist der älteste Kirchenbau dieser Art in Europa. Die Kreuzkuppelkirche auf quadratischem Grundriss zeigt mit dem griechischen Kreuz, einem Dach aus fünf Zwiebeltürmen, mit Pilastern, Palmetten, Gesimsen und Engelsreliefs die

Verschmelzung von russisch-orthodoxer mit klassizistischer Formensprache.

Neben der Kirche befindet sich das **Königliche Landhaus** (Russische Kolonie 14). Es unterscheidet sich von den übrigen Bauten der Kolonie schon durch seine Größe und Geräumigkeit. Der Entwurf stammt von dem französisch-russischen Architekten Auguste de Montferrand, und er wurde unter Kapitän Snethlage bis 1827 ausgeführt. Im Untergeschoss befand sich die Wohnung für den Geistlichen und im Obergeschoss ein russisches Teezimmer mit Samowar für die Besuche des Königs. Die Außenfassade des Hauses war mit farbigen glatten Brettern und weißen Schmuckverzierungen versehen. 1949–68 wohnte hier der Erzpriester Nikolai Markewitsch. Danach stand das Haus leer, bis 1986 Anatoli Koljada berufen wurde und im Zuge der Perestroika- und Glasnost-Politik wieder Gottesdienste für Angehörige der sowjetischen Streitkräfte möglich wurden. Heute finden in der Kapelle regelmäßig Messen statt.

**Villa Fischbach** (II F2): Der Bereich der Puschkinallee gehörte in der zweiten Hälfte des 19. Jh.s zu den Villenvororten der Stadt. Für den Königlichen Hofklempnermeister Eduard Fischbach schuf Reinhold Persius 1872/73 hier ein Haus, das über die Nähe zu seinem Vater Ludwig Persius und dessen Zeitgenossen noch sehr der spätklassizistischen Schinkelschule verpflichtet ist. So erklärt sich auch die gestalterische Parallele zur Villa Arnim (S. 114). In strenger Symmetrie tritt der Mittelrisalit des fünfachsigen Baus in Form einer zweigeschossigen Loggia aus dem Baukörper heraus. Zwischen den Pfeilern tragen über den Säulen zwei Karyatiden das Giebeldreieck; ansonsten ist das Gebäude, in dem sich heute eine private Augenklinik befindet, sehr sparsam geschmückt.

Nur wenige Jahre später, stilistisch jedoch schon in einer neuen Epoche, entstand die **Villa Lüdicke** (II F1). Sie wurde

1876/77 in Formen der Neorenaissance gebaut, sehr farbig, mit Belvedere und asymmetrisch gruppierten Bauteilen. Reicher Fassadenschmuck, z. B. die Sandstein imitierende Quaderung, Gesimse, Pilaster, Hermen, Tondi und Sgraffiti lassen das Gebäude repräsentativ wirken. Erbauer war der Potsdamer Hofbaumeister Albert Lüdicke, der die Villa nach der Fertigstellung vermietete und 1880 nach einem Umbau schließlich verkaufte. Folgt man der Puschkinallee in Richtung Pfingstberg bis zum Ende gelangt man zur Villa Gericke, die noch farbiger und vielgestaltiger den Blick auf sich zieht.

**Villa Gericke** (II F1): Das Haus hat bis in viele Details Ähnlichkeit zu der 1864/65 von den Architekten Ende & Böckmann gebauten Villa Ende am Berliner Tiergarten, die bis 1893 dem S-Bahn-Bau weichen musste. Mit dem Neubau in Potsdam 1892/93 für seine Tante übernahm der Architekt Friedrich Gericke (Schüler von Ende & Böckmann) neben Entwurfsvorlagen so manches Bauteil, das die Bauherrin vermutlich beim Abriss erworben hatte. Es ist unmöglich, den Stil des Hauses aufgrund seiner Formen einzugrenzen. Die Vielgliedrigkeit der Backstein-Holz-Architektur wirkt unüberschaubar; Motive aus dem Mittelalter, der Gotik und Renaissance, aus Skandinavien und der Schweiz sind zu finden.

Auf dem Weg vom Kapellenberg zum Pfingstberg flankiert den steilen Weg links der **Jüdische Friedhof** (II E1): Friedrich II. schenkte dieses Stück Land 1743 der jüdischen Gemeinde, deren Mitglieder ihre Toten zur Bestattung bislang nach Berlin hatten bringen müssen. Von da an hieß der Berg Judenberg, bis zu seiner erneuten Umbenennung 1817 in Pfingstberg. Ein Spaziergang über den sehr malerisch anmutenden Friedhof sollte nicht über die bedrückende Geschichte der Gemeinde hinwegtäuschen, die sich über die Jahrhunderte Benachteiligung und Pogromen ausgesetzt sah, ganz besonders natürlich in der Zeit des Nationalsozialismus. Viele Grabstätten wurden beschädigt und geplündert. Hier finden sich sehr verschiedene Grabsteine mit Inschriften in hebräischer, deutscher und russischer Sprache. Während die Steine aus dem 18. Jh. meist sehr schlicht gehalten sind, dokumentieren die des 19. und 20. Jh.s nicht nur Zeitgeschmack und gesellschaftliche Stellung der Toten, sondern auch die Bestrebungen einer Anpassung an die christlich geprägte Bestattungskultur, zum Beispiel durch kostspielige Wandgrabstätten am Rand der Anlage. Die gleich am Eingang des Friedhofs befindliche **Trauerhalle** fällt durch den mit dorischen Säulen gerahmten Portikus und die ägyptisierende Umrahmung des Türeingangs auf. Sie wurde 1910/11 von Carl Börnstein und Emil Kopp gebaut. Nach Beschädigung in der Pogromnacht 1938 verfiel die Halle. 1977 wurde sie repariert und diente von da ab als Lagerhalle, u. a. für Särge des Zivilschutzes. Die letzte Sanierung bis 1996 führte die Halle wieder ihrem ursprünglichen Zweck zu. Seit 1991 gibt es wieder jüdische Gemeinden in Potsdam; der Friedhof musste inzwischen erweitert werden.

**Pfingstberg** (siehe Übersichtskarte): Von dieser mit 76 m höchsten Erhebung der nördlichen Stadt bietet sich ein überwältigender Blick. Die seit dem 17. Jh. angelegten Sichtbeziehungen lassen sich von hier aus gut verstehen. Der Name Pfingstberg ab 1817 geht in einer Version auf Königin Luise zurück, die hier zu Pfingsten 1804 die Aussicht genossen haben soll. Wenige Jahre zuvor plante ihr Schwiegervater Friedrich Wilhelm II. auf der Kuppe ein neogotisches Aussichtsschloss, doch erst ein halbes Jahrhundert später, ab 1847, wurde mit dem Bau des **Belvedere** begonnen, wenn auch nun in Renaissanceformen. Luises Sohn, König Friedrich Wilhelm IV., selbst architektonisch ambitioniert, wünschte sich eine romantische Anlage mit Säulengängen, Doppelturm, großen Treppen, einem Casino und Wasserfällen, ganz nach italienischen Vorbildern. Fertiggestellt wurde sie nie. Das Orangerieschloss (S. 99)

Belvedere auf dem Pfingstberg, unten links der Pomonatempel

von Sanssouci entzog dem Projekt alle Ressourcen. Die Bauarbeiten kamen zum Stillstand und wurden nach der Erkrankung des Bauherrn erst in der Regierungszeit von dessen Bruder Wilhelm I. 1860–63 notdürftig zum Abschluss gebracht – ohne Casino und Kaskadenanlagen. Das von den Architekten Ludwig Persius, August Stüler und Ludwig Ferdinand Hesse entworfene Belvedere geriet zu einer in den Maßen gewaltigen Herrlichkeit der Ansicht und Aussicht, war sonst aber zu nichts wirklich zu gebrauchen. Lediglich zwei der Innenräume, das **Römische** und das **Maurische Kabinett**, jeweils unter den Türmen gelegen und verbunden durch einen Arkadengang, sind bedeutsam, Letzteres dient heute als Potsdams beliebtestes Trauzimmer. Ansonsten besticht die Anlage durch den imposanten Hof mit Wasserbecken, durch Kolonnaden, gegenläufige Treppen, Pergolen mit korinthischen, farbig gefassten Sandsteinsäulen und eine Pegasus-Gruppe auf der Terrasse über dem Portikus. Über eiserne Wendeltreppen gelangt man auf die 25 m hohen Türme. Beim Ausblick von dort oben vergisst man leicht, dass das Schloss 1989 eine Ruine war: Nach 1945 gelangte das Gebäude auch aufgrund seiner strategischen Lage in die Hände sowjetischer Besatzer; nach dem Mauerbau durfte es wegen des Blicks in die Grenzanlagen ohnehin nicht mehr betreten werden; es verfiel. Eine Bürgerinitiative sorgte schon vor dem Mauerfall für eine erste Revitalisierung der komplett verwilderten Außenanlagen von Peter Joseph Lenné aus den Jahren 1847–63. Nach 1990 erfolgte durch viel bürgerliches Engagement und große Spenden eine Sanierung – von der wechselvollen Geschichte ließ sie leider kaum Spuren bestehen.

Was glücklicherweise durch die Nichtvollendung der Kaskaden am südlichen Abhang erhalten blieb, ist das Erstlingswerk des gerade einmal 19 Jahre alten Karl Friedrich Schinkel: ein Pavillon. Schinkel baute ihn um 1801 – durch seine architektonische Gestalt und den Bezug zu einem Obstgarten erhielt er den Namen **Pomonatempel** – für den Geheimrat und Kartographen Carl Ludwig Oesfeld. In seiner Gestalt hat er einen einfachen griechischen Tempel zum Vorbild, mit vier ionischen Säulen unter dem Dreiecksgiebel. Das Dach kann über eine rückwärtig im Zylinder liegende Wendeltreppe erreicht werden. Als Sonnenschutz diente (vermutlich aber erst in späterer Zeit) ein blau-weiß gestreiftes Zeltdach. Der zentrale Innenraum ist mit einem Kamin ausgestattet. Nachdem durch den Tod Friedrich Wilhelms IV. 1861 die Bauarbeiten am Belvedere eingestellt wurden, gestaltete Peter Joseph Lenné den Vorplatz mit dem halbkreisförmigen Laubengang, der den Pomonatempel vom Belvedere abgrenzt, ihm einen dunklen Rückhalt gibt und die Anlage dennoch als Gesamtheit erscheinen lässt. Nach schweren Beschädigungen bis zur Unkenntlichkeit wurde das

Gebäude 1992/93 durch die Hermann Reemtsma Stiftung saniert. Heute dient es als Ausstellungsraum.

Verlässt man die Anlage ostwärts, vorbei an einem tiefer gelegten Wiesenstück, führt der Weg zur **Gedenkstätte Leistikowstraße 1** (III F1): Der Evangelisch-Kirchliche Hilfsverein baute 1916 zwischen den beiden großen Parkanlagen, Neuem Garten und Pfingstberg ein Pfarrhaus. Bis 1945 diente es der evangelischen Frauenhilfe. Nach dem Krieg lag es im Bereich des »Militärstädtchen Nr. 7«, eines Sperrgebiets des KGB (des sowjetischen In- und Auslandsgeheimdiensts) zur militärischen Spionageabwehr. Im System von Militärtribunalen mit Verurteilungen zum Tod oder zu langer Haft wurde das Haus zum Militärgefängnis mit menschenunwürdigen Bedingungen und Folter. Heute befindet sich hier eine Gedenkstätte: Anhand von originalen Stätten und Zeitzeugenberichten wird an das Geschehen erinnert, das erst mit dem Zerfall des KGB 1991 endete.

Die **Villa Henckel** (siehe Übersichtskarte; Große Weinmeisterstraße 43) ist durch ihren Turm mit Belvedere bis weit in die Umgebung zu sehen. Sie gehörte dem Berliner Bankdirektor Hermann Henckel, der sie 1868–70 durch den Baumeister Ernst Petzholtz ausführen ließ, vermutlich nach Entwürfen von Eduard Titz. Der Bau gehört in eine Reihe Potsdamer Vorstadtvillen mit Turm, die sich durch die asymmetrische Anordnung von Baugliedern auf Vorbilder von Ludwig Persius beziehen. Das Belvedere mit an den Ecken eingesetzten Säulen erinnert an das Winzerhaus von Ludwig Ferdinand Hesse (S. 96) oder den auch von ihm an die Villa Persius angefügten Turm (S. 113 f.). Der hohe Anspruch an Repräsentation zeigt sich sowohl in der Lage als auch in der Innenausstattung mit großem Raumprogramm und der sehr plastischen Gestaltung der Außenfassaden mit spätklassizistischem Schmuck, wie den Fensterumrahmungen, Medaillons, Säulen, Karyatiden und Pilastern. In der DDR-Zeit diente das Gebäude als Pflegeheim. Nach Sanierung durch eine

Eigentümerschaft um den Springer-Vorstandsvorsitzenden Mathias Döpfner beherbergte es zeitweilig eine Business School und die Kunstakademie von Marcus Lüpertz. Neben der Villa samt Kutscherhaus mit Remise umfasste das elitär gelegene Grundstück einen weitläufigen Park mit Grotte sowie Tee- und Winzerhaus, gestaltet von Lenné-Schülern. Die Wiederherstellung des privaten Parks soll 2023 abgeschlossen sein.

Zum Neuen Garten mit Schloss Cecilienhof u. a. siehe S. 130 ff.

**Villa Gutmann** (siehe Übersichtskarte; Bertinistraße 16): Herbert Gutmann (1879–1942) war der Sohn des Gründers der Dresdner Bank und in eigenen Bankgeschäften oft in Ländern des Orients unterwegs. Für die Aufnahme seiner bedeutenden orientalischen Kunstsammlung und als Sommersitz ließ er ab 1919 am Hang über dem Jungfernsee ein komplexes Haus bauen. In malerischer Anordnung der von Mansarddächern gedeckten neobarocken Baukörper wurde das Gebäude bis 1926 erweitert. Es enthielt kostbare Inneneinrichtungen, die im Wesentlichen bis heute überdauerten, so das Arabicum, ein Zimmer mit in Damaskus erworbenen Holzvertäfelungen aus dem 18. Jh. Der Architekt Reinhold Mohr war mit der Erweiterung des Hauses beauftragt: Er fügte diesem 1926/27 eine expressionistische Turnhalle an. Sie befindet sich im Obergeschoss und ist erhalten; ihr Dach ist mit spitzbogenförmigen holzverschalten Bindern und Oberlichtern abgeschlossen. Die jüdische Familie Gutmann musste 1936 emigrieren, das Haus wurde als Pflegeheim genutzt, stand später leer. Heute befindet es sich in Privatbesitz.

**Villa Jacobs** (siehe Übersichtskarte; Bertiniweg 2): Die heute wieder in prominenter Lage hoch oben über dem Jungfernsee weit zu sehende Villa ist ein Neubau (2006–09). Auf dem Grundstück des italienischen Gastwirts Albert Bertini hatte Ludwig Persius 1836 für den Zuckerfabrikanten Ludwig Jacobs das Original entworfen, eine Turmvilla als florentinisches Landhaus. Damit war der Architekt erstmals bürgerlichen Interessen gefolgt. Malerisch gruppierte Körper mit Terrassen, Bogengang, Pergolen und einem kastellartigen Turm standen auf einem hangseitig polygonal gemauerten Fundament. Die Villa war umgeben von einem großen, durch Lenné gestalteten Garten mit Obstwiesen und Weinterrassen. Unbeschadet von Krieg und Mauerbau brannte die Villa im Grenzgebiet 1981 aus und wurde bis auf den Turmstumpf abgerissen. Der Erwerb des Anwesens durch das Ehepaar Ludes erwies sich als Glücksfall, denn es rekonstruierte die Villa und den großen Park in den wesentlichen Zügen und gab damit Potsdam ein wichtiges Bild in der Landschaft zurück. Der Garten ist zu bestimmten Veranstaltungen öffentlich zugänglich.

## Neuer Garten

Mit der Anlage des **Neuen Gartens** (III F/G1) am Nordwestufer des Heiligen Sees begann Ende des 18. Jh.s endlich auch in Potsdam das neue Zeitalter des Klassizismus. Während Sanssouci im Wesentlichen noch barock und von französischer Gartenkunst geprägt war, zog hier unter König Friedrich Wilhelm II. durch den Dessauer Gartengestalter Johann August Eyserbeck mit scheinbar natürlichen Gartenstrukturen und weit in die Landschaft reichenden Sichtbeziehungen der englische Stil ein. Die Ansammlung von historisierenden und exotischen Bauwerken der Weltarchitektur gibt dem Park eine enzyklopädische Note und gleichzeitig viel Rätselhaftes, das man entschlüsseln will. Es sind Zeugnisse vom Geheimbund der Rosenkreuzer, dem der König angehörte.

Dem aus südlicher Richtung kommenden Besucher tritt an der Spitze des Heiligen Sees ein kleines Gebäude, die **Goti-**

**sche Bibliothek** (III F2) ins Blickfeld. Dieser zweigeschossige, achteckige Pavillon wurde nach Entwürfen von Carl Gotthard Langhans 1792–94 errichtet. Das Untergeschoss ist von einem Arkadengang mit jeweils drei Bögen umschlossen; eine außenliegende Wendeltreppe führt über die Terrasse in den oberen Raum. Der neogotische Bau hatte neben der guten Aussicht auch die Funktion einer Landmarke im Park, denn als in der Ferne wirkendes Gegenstück von ähnlicher Gestalt stand bis 1869 an der Nordspitze des Sees der Maurische Tempel mit Anklängen an orientalische Formen. Die Gotische Bibliothek enthielt große Teile des königlichen Buchbestandes in französischer und deutscher Sprache, die im Zweiten Weltkrieg, ins Stadtschloss ausgelagert, beim Bombenangriff verbrannten. Der Tempel selbst wurde beschädigt, drohte abzusinken und wurde 1995–97 aus originalen Einzelteilen vollständig rekonstruiert. Unmittelbar neben dem Fundament ist der Beginn eines Kanals angedeutet, der im 18. Jh. noch den Heiligen See mit dem Becken auf dem Bassinplatz verband.

Von der Gotischen Bibliothek ist es nur ein kurzer Abstecher zum **Palais Lichtenau** (I F2). Dass die Namensgeberin des Palais, die Mätresse des Königs Friedrich Wilhelm II. – Wilhelmine Encke, verheiratete Ritz, seit 1796 Gräfin Lichtenau –, je darin gewohnt hat, ist unwahrscheinlich. Ihre Scheinehe mit dem Geheimen Kämmerer Friedrich Wilhelm Ritz befand sich zur Einweihung bereits in Auflösung. Der König hatte dem Paar das Grundstück 1791 übereignet und den Bau finanziert. 1796/97 entstand unter der Leitung von Michael Philipp Boumann mit dem Palais Lichtenau eines der heute bedeutendsten Zeugnisse des preußischen Frühklassizismus, das beispielhaft den Bruch mit der friderizianischen Epoche markiert. Es befand sich als Bürgerpalais in Sichtweite des Marmorpalais und war deshalb an der dem Neuen Garten zugewandten Hauptfassade am üppigsten gestaltet. Hier dominiert ein Mittelrisalit mit Dreiecksgiebel und Segmentbogenrelief von Johann Gottfried Schadow, ausgeführt durch die Brüder Wohler. Das Werk zeigt Apoll, umgeben von fünf weiteren Gottheiten. Zwei auffällige und sehr plastische Gurtgesimse umziehen das scheinbar eingeschossige Haus mit Ausnahme des Mittelrisalits. Über dem Kellergeschoss ist es ein kräftiger Zahnschnitt mit Rosetten, im Traufgesims wechseln sich Palmetten- und größere Rosettenformen ab. Alle vier Fassaden unterscheiden sich in Gestaltung und Achsialität. Der Hauptzugang erfolgt über eine geschwungene, doppelläufige Freitreppe auf der Rückseite und führt direkt in den Gartensaal. Während der Anteil von Carl Gotthard Langhans an der Architektur nicht geklärt ist, kann ihm die Innenraumgestaltung eindeutig zugewiesen werden. In einer wechselvollen Nutzungsgeschichte blieben davon einige Räume, darunter der große Festsaal, ein ovales Kabinett und das Rosenholzzimmer, in nahezu originalem Zustand erhalten. Die derzeitige Nutzung als private Hautklinik ist ein Glücksfall für das Haus, denn deren engagierte Eigentümer, das Ehepaar Fischer, ermöglichten eine akribische Rekonstruktion der kostbaren Ausstattungen, an deren Herstellung im 18. Jh. die wichtigsten Künstler des preußischen Hofes beteiligt waren. Die historischen Räume sind im Rahmen von Veranstaltungen zugänglich.

Das **Eingangsportal** (Am Neuen Garten 8) des Neuen Gartens sowie die sich dahinter westlich an einer geraden Linie aufreihenden Häuser mit Voluten- oder Treppengiebel sowie das Damen- und Kavalierhaus bilden das **Holländische Etablissement** (III F2) und sind ganz der niederländischen Tradition verbunden. Gebaut wurden die Häuser 1789/90 unter der Leitung von Andreas Ludwig Krüger nach Entwürfen von Carl von Gontard; beide hatten schon unter Friedrich II. gewirkt. In diesen zweigeschossigen Gebäuden wohnten Hofbedienstete und Gäste. Die mit Säuleneichen bepflanzte und den Blick auf das Wasser freigebende, schnurgerade Verbindung zum Herzstück des Neuen Gartens, dem Marmorpalais, kann man als Zitat einer Chaussee sehen. Vielerorts im sich wirtschaftlich entwickelnden Preußen, das unter Friedrich Wilhelm II. (reg. 1786–97) seine größte Ausdehnung erhielt, entstanden zu dieser Zeit neue Wegeverbindungen.

**Orangerie** (III F1): Das für den Garten 1791–93 von Carl Gotthard Langhans entworfene obligatorische Gebäude zur Unterbringung von südlichen Pflanzen brauchte die Belichtung von Süden. So wurde die zur »Chaussee« gerichtete Schmalseite zur Schaufassade als **Ägyptisches Portal** gestaltet. Vier dorische Säulen, die auf dem Architrav einen von Christoph Wohler geschaffenen Sphinx tragen, begrenzen eine nach oben korbbogige Vorhalle in Form einer Konche zum Eingang. Zu dessen beiden Seiten stehen in den Nischen ägyptisierende Königsstatuen aus der Werkstatt von Johann Gottfried Schadow. Der Mittelteil zwischen den beiden Pflanzhallen tritt risalitartig hervor und enthält einen der schönsten Konzerträume Potsdams, den **Palmensaal**. Friedrich Wilhelm II. (reg. 1786–97) spielte Cello und unterhielt eine namhafte Hofkapelle. Neben frühklassizistischen illusionistischen Deckenmalereien mit Arabesken von dem Theatermaler Bartolomeo Verona ist der aus kostbaren Hölzern boisierte Kammermusiksaal mit zwei bemerkenswerten gusseisernen Öfen aus Lauchhammer ausgestattet.

Auf dem weiteren Weg in Richtung Schloss wird dieses durch einen **Obelisken** (III G1) angekündigt, der nach dem Entwurf von Carl Gotthard Langhans 1793/94 aus grauem Marmor gefertigt wurde. Die vier Medaillons (der Gebrüder Wohler und Schadow) am Schaft stellen über die verschiedenen Lebensalter des Mannes gleichzeitig die Jahreszeiten dar.

**Marmorpalais** (III G1): Schon einige Jahre vor der Thronbesteigung 1786 besaß Friedrich Wilhelm II. ein Landhaus mit Blick auf den See. Carl von Gontard, der wenige Jahre zuvor noch barocke Bauaufgaben für Friedrich II. erfüllt hatte, legte 1787 Entwürfe für einen zweigeschossigen Kubus vor, mit flachem Dach und einem über freie Treppen erreichbaren Belvedere. Bis 1791 entstand damit das erste klassizistische Schloss in Potsdam, wobei Gontard ab 1789 von Carl Gotthard Langhans für die Entwürfe der Innengestaltung abgelöst wurde. Die Fassade des Baukörpers auf quadratischem Grundriss lehnt sich an palladianische Vorbilder an und wird von zwei Gesimsen horizontal akzentuiert. Am ziegelsichtigen Bau werden allseits die mittleren drei Achsen durch grauen und weißen schlesischen Marmor in Risaliten zusammengefasst. Über den Fenstern befinden sich Relieffelder von Girlanden und Putti. König Friedrich Wilhelm nutzte das Gebäude als Sommerschloss. Die Innenräume sind durch die Verwendung von kostbaren Materialien wie schlesischem Marmor, edlen Hölzern und Seidenbespannungen in klassizistischem Stil ausgeführt. Besonders sehenswert ist schon der Eingangsbereich des Vestibüls, das über zwei Doppelsäulen mit dem von oben beleuchteten Treppenaufgang verbunden ist. Das zur Seeseite gerichtete Speisezimmer im Erdgeschoss war – da es im Sommer benutzt wurde – als Grottensaal mit Spiegeln ausgeführt und mit zwei Anrichteräumen versehen worden. Ein unterirdischer Gang verbindet den Grottensaal mit der **Schlossküche**, die abseits am See 1788–90 als teilweise versunkene künstliche Tempelruine mit korinthischen Kapitellen ausgeführt wurde. Schon 1797/98 musste Michael Philipp Boumann das Schloss für den erkrankten König um eingeschossige **Seitenflügel** erweitern. Lieferengpässe aus Italien führten zum Abbruch der Knobelsdorffschen Marmorkolonnade im Rehgarten von Sanssouci, um das Material für die Säulengänge dieser Seitenflügel verwenden zu können. Der König starb jedoch vor deren Fertigstellung. Erst unter Friedrich Wilhelm IV. und der Leitung von Ludwig Ferdinand Hesse konnten die Arbeiten 1848 beendet werden. Das Schloss wurde in der Folgezeit von Mitgliedern des Königs- und Kaiserhauses genutzt, so auch von Kronprinz Wilhelm von Preußen mit seiner Frau Cecilie, bevor 1917 unweit das Schloss Cecilienhof (S. 137) fertiggestellt wurde. Nach dem Ende der Monarchie diente das Marmorpalais als Schlossmuseum, nach dem Krieg mit einigen Beschädigungen als sowjetisches Offizierskasino und 1961–89 als Armeemuseum der DDR. Umfassende Sanierungsmaßnahmen wurden 2006 abgeschlossen.

**Pyramide** (III G1): Die 1791/92 errichtete Kleinarchitektur ist ein weiteres Zitat ägyptischer Baukunst in der Landschaft des Neuen Gartens. Als Pforte zur Unterwelt diente sie auch programmatisch im Bedeutungsraum für die Loge der Rosenkreuzer, der Friedrich Wilhelm seit 1781 angehörte. Den Sockel zieren Schmuck-Hieroglyphen, die Fläche über der Tür Zeichen der Planeten. Die wirkliche Nutzung war jedoch sehr profan: Durch die Einlagerung von Eis aus dem See konnten Lebensmittel gekühlt werden.

Der Pfad im Sinne der Rosenkreuzer führt vorbei an der **Gedächtnisurne** für Julie von Voß, Gräfin Ingenheim, eine 1789 im Alter von nur 22 Jahren verstorbene morganatische Ehefrau, um danach zu einer **Muschelgrotte** am Jungfernsee zu gelangen. Äußerlich sollte die nach Entwurf von Andreas Ludwig Krüger 1791–94 gebaute Anlage natürlich erscheinen; sie war im mystischen Sinne als Ort des Lichtes, des Elysiums, begehbar und besteht aus Raseneisenstein, Kalktuff, Gipsstein und Schlacke. Im Inneren befinden sich parallel zu einem schmalen Gang drei Räume mit Blick auf den See. Der mittlere ist ein Saal, beidseitig von zwei Kabinetten flankiert. Der Stuckateur Constantin Philipp Georg Sartori gestaltete die Wände mit Muscheln, Glasschlacken und Mineralien aus, die Decke erhielt ein Gemälde von Bartolomeo Verona. Durch die Lage im Grenzgebiet verfiel die Grotte über Jahrzehnte. 2004–06 wurde sie äußerlich restauriert. Der Innenraum ist nicht zugänglich. Wahrscheinlich hat die Gesellschaft im Saal auch gespeist, denn unweit der Grotte befindet sich die sogenannte **Borkenküche** (siehe Übersichtskarte). Der runde Ständerbau mit Anbau war schilfgedeckt und mit Borke bedeckt. Er verfiel, wurde 1958 abgetragen und konnte 2012 durch eine private Spende rekonstruiert werden.

In Sichtweite westlich am Jungfernsee entstand nach dem Entwurf von Carl Gotthard Langhans 1790–92 eine **Meierei** (siehe Übersichtskarte). Das ländliche Leben mit weidenden Kühen und der Herstellung von Milchprodukten in einem bäuerlichen Gehöft war Teil des Programms im Landschaftsgarten. Die neogotischen Fensterformen sind noch heute erkennbar, denn 1843/44 erhielt Ludwig Persius den Auftrag, das Gebäude zu erweitern und mit einem Turm zu versehen. Ab 1862 wurde das Gebäude zu einem Pumpwerk umgebaut. Während der Zeit der Grenzschließung verfiel es, heute beherbergt es nach Sanierung eine Brauerei-Ausflugsgaststätte.

**Einsiedelei** (siehe Übersichtskarte): Wer ab der Muschelgrotte dem Ufer in östliche Richtung folgt, gelangt am Quapphorn zu einer weiteren Parkarchitektur mit mystischem Hintergrund. Carl Gotthard Langhans und Hofzimmerermeister Johann Gottlob David Brendel schufen 1796 das mit Borke verkleidete Häuschen, welches einzig über eine Dachlaterne im Inneren beleuchtet wurde. Ganz im Gegensatz zur äußeren Erscheinung zeigte sich der Innenraum dieser Eremitage von kostbarer Pracht. Im Fußboden war eine Weltkarte in Marmorinkrustation, Boiserien an den Wänden zeigten astronomische Geräte und die Deckenmalerei Allegorien der Planeten. Bedingt durch den Verlauf der Berliner Mauer, wurde die Einsiedelei 1964 abgerissen. Auf dem verbliebenen, ausgebesserten

Fundament konnte sie durch Spendengelder bis 2012 äußerlich rekonstruiert werden.

**Schloss Cecilienhof** (siehe Übersichtskarte): Obgleich es sich mit seinem englischen Landhausstil harmonisch in die Landschaft des Neuen Gartens einfügt, ist dieses zeitlich letzte Schloss der Hohenzollern in Potsdam unter architekturhistorischem Aspekt ein Fremdkörper im Gelände. Paul Schulze-Naumburg entwarf den Bau für das Kronprinzenpaar Friedrich Wilhelm und Cecilie. Begonnen wurden die Arbeiten 1913, und 1917, während des Ersten Weltkriegs, wurde das Schloss fertiggestellt. Mit dem Fachwerk, den Erkern, Giebeln und ornamentierten Schornsteinen nach englischen Vorbildern aus Ziegeln unterscheidet es sich deutlich vom üblichen Stil der wilhelminischen Zeit. Die über fünf Innenhöfe miteinander verbundenen Bauglieder lassen es bedeutend kleiner erscheinen, als es in Wirklichkeit ist. Die Innengestaltung entsprach dem Geschmack des beginnenden 20. Jh.s. Nach dem Ende der Monarchie wurde das Schloss noch bis 1945 von der Hohenzollern-Familie bewohnt. Da es im Zweiten Weltkrieg unversehrt blieb, diente es im August 1945 den Siegermächten Sowjetunion, USA und Großbritannien als Treffpunkt zum Abschluss des Potsdamer Abkommens. Der rot bepflanzte Sowjetstern im großen Innenhof gibt noch Zeugnis davon. Heute befinden sich in dem Gebäudekomplex die Gedenkstätte für das Potsdamer Abkommen, ein Schlossmuseum und ein Nobelhotel.

## Berliner Vorstadt

Mit dieser Bezeichnung ist das Gebiet benannt, das vom Zentrum der Stadt bis zur nach Berlin führenden Glienicker Brücke reicht, flankiert vom Heiligen und vom Tiefen See.

**Gymnastikschule Ullrich** (I F3): Dem zweigeschossigen

Wohnhaus am Rand des Stadtteils (zur Kurfürstenstraße in die andere Richtung siehe S. 118 ff.), 1927 nach einem Entwurf von Leopold Kuhlmann gebaut, wurde 1929 eine Turnhalle angegliedert. Da die Stadt Potsdam architektonisch sehr durch das 18. und 19. Jh. geprägt ist, erscheinen solche Spuren der Moderne besonders kostbar. Die ehemalige Schule für Körperbildung ist äußerlich klar gegliedert: Weiße Putzflächen stehen im Kontrast zur dunkelbraunen Holzverschalung. An der Straße wird die Halle durch ein schmales Fensterband unter dem Dachansatz und zum Garten hin durch drei große Fenstertüren belichtet. Der sehr sumpfige Untergrund auf dem ehemaligen Graben zwischen Bassinplatz und Heiligem See erforderte für den Anbau der Turnhalle eine Eisenbetonplatte auf Rammpfählen. Nebenan, auf dem Grundstück Nr. 24/25, befand sich ein sehr ähnliches Gebäude, 1928 durch Heinrich Laurenz Dietz als Wohn- und Atelierhaus errichtet – 2012 wurde es aus heftig diskutierten Gründen zum Abriss freigegeben.

**Depot der Städtischen Straßenreinigung und Müllabfuhr** (I F3): Der Backsteinbau ist ein seltenes Zeugnis des Expressionismus in Potsdam. In der Zeit der Weimarer Republik wurde er 1929/30 durch Stadtbaurat Karl Fischer (unter Mitarbeit von Kurtze und Hampel) errichtet und zwei Jahre später erweitert. Der dreigeschossige Bau auf quadratischem Grundriss nahm im Erdgeschoss die Mannschaftsräume, darüber die Büros und oben Wohnräume auf. Durch das Zurückspringen dieses Hauptteils zwischen den angewinkelten Flügelbauten für die Fahrzeuge erhält das Gebäude eine besondere Ecklösung. An den Ecken des Hauptgesimses befinden sich vier kleine, die Elemente darstellende Figuren. Das Gebäude besteht aus Stahlbeton, ist mit hartgebranntem Klinker verkleidet und zeigt einige expressionistische Formen, wie zahlreiche vertikale Pfeilervorlagen und leicht abgeschrägte Flächen.

Die frühklassizistische **Villa Ritz** (III G3) entstand in den

Jahren 1798–1800 nach Plänen von Michael Philipp Boumann für den Geheimen Kämmerer Johann Heinrich Ritz. Dieser lebte hier nach seiner Scheidung von der Gräfin Lichtenau (frühere Mätresse des Königs Friedrich Wilhelm II.) mit seiner neuen Gemahlin, der Schauspielerin Henriette Baranius. Im Grundriss ähnelt das Gebäude stark dem Palais Lichtenau (S. 131). Sehr auffällig ist der mit Kassetten verzierte, konchenförmige Eingangsbereich.

**vw Group Future Center Europe** (Schiffbauergasse 17; III G3): Neben dem Standort Wolfsburg entstand 2004/05 das Gebäude in Potsdam als vw Design Center. Der Architekt Moritz Kock sollte einen freien Blick nach draußen realisieren und zugleich den Blick nach innen einschränken, denn hier wurden neue Modelle für Volkswagen entwickelt. Heute werden im vw Group Future Center Europe Fragen zur Mobilität der Zukunft untersucht. Das Gebäude gehört zum Areal des Kulturstandorts Schiffbauergasse.

**Kulturstandort Schiffbauergasse** (III G3): 1818–21 produzierte die Firma des englischen Ingenieurs John Barnett Humphreys Jr. Dampfschiffe in Potsdam, was dem Gelände den Namen gab. Mit Beginn einer Gasproduktion für Stadtbeleuchtung ab 1856 wurden über 134 Jahre lang bis 1990 Gas und später auch verwandte Industriestoffe hergestellt. Ab 2001 begann man mit einer umfassenden Restaurierung des Standorts für eine Umwandlung in ein Kulturquartier. Der **Koksseparator** wurde zu einem modernen Bürogebäude umgebaut – bis 2019 wurde es vom Software-Unternehmen Oracle genutzt. Der große Gasometer wurde unter Denkmalschutz gestellt und ist heute Teil des Gebäudekomplexes des **Hans-Otto-Theaters** (III G3). Gottfried Böhm entwarf den sich mit roten gewölbten Dachschalen zur Havel hin wie eine Muschel öffnenden Bau. Mit seiner Eröffnung 2006 erhielt Potsdam nach der Nutzung eines jahrelangen Provisoriums (am heutigen

Standort des Museum Barberini) endlich wieder ein festes Theaterhaus. Der Innenraum von Foyer und 470 Plätze fassendem Zuschauersaal ist in den Farben Rot und Schwarz gehalten und korrespondiert über eine große Glasfassade mit der Flusslandschaft. Das Gebäude für Bühnenturm, Büros, Werkstätten und Magazine stellt als schlichter Kubus mit Fensterbändern einen Kontrast zum Theater dar.

**Zichorienmühle** (Schiffbauergasse 12; III G3): Das heute als Restaurant dienende Gebäude wurde Ende des 18. Jh.s als Mühle erwähnt und produzierte bis 1813 aus Zichorie Kaffeeersatz und später Dachpappe. Zinnenkranz, Fenster, Balkon sowie einen Anbau erhielt das Gebäude nach Entwürfen von Ludwig Ferdinand Hesse 1859/60 im Auftrag von Friedrich Wilhelm IV. Ab 1908 wohnten darin Angestellte der Gasanstalt; im Jahr 2000 wurde das Industriedenkmal restauriert. Zum Kulturstandort der Schiffbauergasse gehören noch weitere Institutionen, u. a. die »Fabrik«, ein Theater für zeitgenössischen Tanz, die Bundesstiftung Baukultur, die Ausstellungsbereiche von »Kunstraum Potsdam« und »museum FLUXUS+«, das Kinder- und Jugendtheater in der »Reithalle A«, das internationale Theaterzentrum »T-Werk«, und das »Waschhaus« als genreübergreifender Kulturraum.

Die **Villa Tummeley** (III G2) entstand 1848/49 für den Zuckersiedereibesitzer Eduard Tummeley nach Entwürfen von Moritz (Martin) Gottgetreu im Tudorstil. Der Architekt war auch an der Gestaltung von Schloss Babelsberg (S. 147) beteiligt. So verwundert es nicht, dass die Form der Villa mit den Bauten im Park von Babelsberg, insbesondere mit dem Kleinen Schloss auf der anderen Havelseite, korrespondiert. Mit dem Umbau unter dem neuen Besitzer Baron von Eckardstein 1885 wurde die Zinnenbekrönung des Turmes durch eine Brüstung ersetzt und der gotisierende Giebel in Neorenaissance-Formen verändert. Nach Nutzung durch Energieversorger und langem Leerstand sollen unter einem neuen Besitzer bis Mitte der 2020er Jahre in dem Gebäude Wohnungen der Luxusklasse entstehen.

**Ehemalige Landeszentralbank** (III G2): Inmitten dieses Stadtgebiets mit Villen und historisierenden Wohnhäusern des Bürgertums vom Ende des 19. Jh.s wirkt die gläserne Fassade sowohl transparent als auch als Spiegel. Sie ist die Hauptfront der ehemaligen Landeszentralbank und wurde 1991–97 nach Entwürfen von Ortner & Ortner realisiert. Das dahinterliegende Hauptgebäude enthält einen großen, über mehrere Stockwerke gehenden Tresorraum, um den sich an drei Seiten Büros anschließen. Zum Gebäudeensemble gehören auch drei mit rotem Granit verkleidete Wohnhäuser, deren Form und Materialien in Beziehung zum Bankgebäude stehen. Nach dem Umzug der Bundesbankfiliale 2007 nach Berlin wird der Hauptbau heute als Bürogebäude vom Institut für transformative Nachhaltigkeitsforschung genutzt.

**Mietwohnhäuser Mangerstraße** (III G2): Die Zahl der erwähnenswerten Villen im Gebiet östlich des Heiligen Sees ist groß, aber hier findet man auch Mietwohnhäuser für Bildungsbürgertum, Adel und Militär vom Ende des 19. Jh.s. In Etagenwohnungen hielten sie den räumlichen Luxus einer Villa vor, neben hauswirtschaftlichen Bereichen mit eigenen Zugängen und repräsentativen Salons auch private Gemächer. In der äußeren Gestaltung hat das Unternehmen von Hofbau- und Hofmaurermeister Ernst Petzholtz mit seinen damals ca. 200 Angestellten tief in den Formenschatz aller Baustile gegriffen und sehr plastische Bauten mit reichem Schmuck hervorgebracht. Die Gebäude entstanden vom Entwurf bis zur endgültigen Ausführung größtenteils für private Bauherren in Potsdam. Hier findet man in eklektizistischer Ansammlung Gebäude der Neogotik (Nr. 23), des Spätklassizismus (Nr. 24, 25, 27), Neobarock (Nr. 14) und Eklektizismus (Nr. 19, 26).

**Villa Ernst von Bergmann** (III H2): Der Chirurg und Direktor der Berliner Charité Ernst von Bergmann erwarb das Grundstück am Tiefen See 1890 und ließ sich darauf ein Sommerhaus bauen. Der Entwurf stammt möglicherweise vom Architekten Heino Schmieden und enthält in seiner Ausführung viele Elemente, die typisch für den Potsdamer Villenstil sind: asymmetrische Gliederung der Baukörper mit Belvedere, Loggia und Ädikula unter Verwendung von Formen der Neorenaissance, Dreiecksgiebel, Freitreppen. Carl August von Halle sanierte das Gebäude 1995. Es ist heute Tagungs- und Konferenzzentrum des Klinikum Ernst von Bergmann in Potsdam.

**Ehemalige Wasserbaudirektion Kurmark** (III H1): Der einzige Verwaltungsbau aus der Zeit des Nationalsozialismus in Potsdam entstand, weil die Wasserbaudirektion aus Gründen der Neugestaltung Berlins zur »Reichshauptstadt« von dort wegverlegt werden musste. Der 1938–40 errichtete langgezogene, zweigeschossige Bau von Werner March, dem Architekten des Olympiastadions, zeigt auch in den verwendeten Materialien (Schlesischer Marmor, Sandstein, Travertin, Schiefer) die Priorität des Bauvorhabens – zu dieser Zeit galten vielerorts schon Beschränkungen. 1950 erfolgten Anbauten, die zwei Innenhöfe bildeten. Heute befindet sich in dem Gebäude die Bundesanstalt für Immobilienaufgaben.

**Ehemalige NITAG-Tankstelle** (III H1): In diesem kleinen, vom Architekturbüro Estorff & Winkler 1938/39 errichteten Bau vereinen sich der traditionelle Landhausbau aus dem frühen 20. Jh. mit den funktionalen Erfordernissen des aufblühenden Automobilverkehrs. Die »Naphtaindustrie und Tankanlagen AG« war eine der größten Tankstellenketten in Deutschland. Das leicht geschwungene Walmdach überkragt den ehemaligen Zapfbereich und wird zur Straße hin von vier Pfeilern gestützt. Der Garagenteil stammt vermutlich aus den 1950er Jahren, heute befindet sich hier das Restaurant »Garage du Pont«.

**Villa Kampffmeyer** (III I1): Der Bauherr Kurt Kampffmeyer (1896–1949) gehörte zu den bedeutendsten Mühlenbesitzern in Deutschland. Obgleich noch kein Bebauungsplan für die exponierte Lage seines Grundstücks unweit der Glienicker Brücke vorlag, setzte er sich über alle behördlichen Einwände hinweg und ließ sich 1923/24 eine repräsentative Villa errichten. Daran beteiligt waren das Architektenbüro Mohr & Weidner sowie das Baugeschäft Adolf und Friedrich Bolle aus Berlin. Während zeitgleich auf dem Telegraphenberg mit dem Einsteinturm Mendelsohns die Moderne einzog, orientierte sich die Gestalt der großbürgerlichen Villa mit Walmdach und einem halbrunden, überkuppelten Turm an traditionellen Potsdamer Formen wie Neobarock und -rokoko. Die Nutzungsgeschichte ist sehr umfangreich. Zur Zeit der Grenzanlagen nutzte die Staatssicherheit das Gebäude, um den Agentenaustausch über die Glienicker Brücke zu beobachten. In den 1990er Jahren saniert und im früheren Garten am Glienicker Horn von einer umstrittenen postmodernen Wohnanlage umgeben, erfuhr die exponierte Villa mehrere Besitzerwechsel.

**Villa Schöningen** (III I1): Als sich Prinz Carl von Preußen, ◆ der dritte Sohn Friedrich Wilhelms III., auf der Berliner Havelseite 1826–28 die Schlossanlage von Klein-Glienicke erschuf, störte das unansehnliche Grundstück eines Schiffbauers gegenüber den Ausblick. Später entstanden mit dem Wunsch des Königs Friedrich Wilhelm IV. (reg. 1840–61) nach einer Harmonisierung von Landschaft und Architektur durch Peter Joseph Lenné mehrere Verschönerungspläne. In diesem Zusammenhang und unter Bereitstellung der Finanzmittel wurde auf der Potsdamer Seite nach dem Entwurf von Ludwig Persius 1843–45 auf den Grundmauern und in Erweiterung des Schiffbauerhauses eine Villa im italienischen Stil gebaut. Und sie wurde benannt nach dem ersten Bewohner, Hofmarschall Kurd Wolfgang von Schöning. Persius hat hier durch eine Addition von einzelnen, in der Form eigenständigen und symmetrischen Baukörpern einschließlich Turm eine malerische Gesamtkomposition in weiten Sichtbeziehungen geschaffen. Sein durch Dreiteiligkeit in den Hauptfassaden gegen die Schlösser Glienicke und Babelsberg gegliederter Entwurf erfuhr in den Jahren 1888/89 und 1922/23 Umbau und Erweiterung. Zu dieser Zeit war die Villa im Besitz des jüdischen Bankiers Paul Wallich, der sich im Zuge der Novemberpogrome 1938 das Leben nahm. Nach 1945 nutzte die Rote Armee das im Krieg unversehrt gebliebene Haus als Lazarett. Zur Zeit der DDR wurde es Kinderwochenheim und lag im Grenzgebiet. Nach 1989 begann mit Eigentümerwechseln eine unglückliche Zeit des Leerstands und des Vandalismus. Mit Erwerb und Sanierung durch den Springer-Vorstandsvorsitzenden Mathias Döpfner und den Manager Leonhard H. Fischer begann 2009 die Nutzung als ein Museum, das den Ort sowohl in der Kulturlandschaft als auch in der Historie des Kalten Krieges zeigt und im Obergeschoss Wechselausstellungen zeitgenössischer Kunst.

Die **Glienicker Brücke** (III I1) erhielt ihre größte Bekanntheit dadurch, dass während des Kalten Krieges verschiedentlich Agenten zwischen Ost und West über sie ausgetauscht wurden, was stets im Geheimen geschehen sollte, schließlich aber doch jeweils in den Medien landete. Die damalige Grenze zwischen Potsdam und Westberlin (heute zwischen Berlin und Brandenburg) verläuft inmitten des heutigen UNESCO-Weltkulturerbes und ist Schnittpunkt einer Vielzahl von Sichtbeziehungen in der Landschaft. Die ersten beiden nachweisbaren Brücken von 1660 und 1777 waren noch aus Holz. Nach Ausbau der preußischen Musterchaussee Ende des 18. Jh.s entstand 1831–34 eine Ziegelsteinbrücke auf der Grundlage von Entwürfen von Karl Friedrich Schinkel mit elf Bögen, davon ein Segment mit Zugbrücke für den Schiffsverkehr. Die Fahrbahn war 6,5 m breit, und am Rand standen Rundbänke, die zum Verweilen einluden. Doch auch diese Brücke genügte bald nicht mehr – weder dem aufkommenden Straßenverkehr noch den Anforderungen der Schifffahrt nach Eröffnung des Teltowkanals 1906. Die Duisburger Firma Hartkort sorgte für den Bau der Fachwerkbrücke aus Stahl, die allerdings als nicht sehr gefällige Konstruktion wahrgenommen und deshalb mit Sandsteinelementen in Form von Kentauren (Stephan Walter) und Kolonnaden (Eduard Fürstenau) ergänzt wurde. Im Zuge des Ausbaus der Reichsstraße 1 (heute Bundesstraße 1) wurde 1937 nicht nur die Große Neugierde (S. 162) einige Meter nach Norden versetzt, man entfernte auch die Ziertürme auf den Pylonen. Ende des Zweiten Weltkriegs erfuhr die Brücke Beschädigung, eine Pontonbrücke daneben ermöglichte die Erreichbarkeit Cecilienhofs für den Abschluss des Potsdamer Abkommens 1945. Mit der Reparatur der Brücke 1947 erhielt sie zwar den Namen »Brücke der Einheit«, doch ab 1961 war sie für fast drei Jahrzehnte gesperrt. Am Tag nach dem Mauerfall, dem 10. November 1989, wurde die Brücke wieder für den Verkehr zwischen Potsdam und Wannsee freigegeben. Die Stele *Nike* von Wieland Förster (*1930) erinnert daran (Nike ist die griechische Göttin des Sieges).

**Kongsnæs** (III H1): Über den schönsten Uferweg der Stadt gelangt man von der Glienicker Brücke an der ehemals kaiserlichen Matrosenstation vorbei in Richtung Neuer Garten. Kaiser Wilhelm II., der auf seinen Reisen von norwegischen Bauten von Holm Hansen Munthe im heutigen Oslo beeindruckt war, ließ 1892–96 eine schon bestehende Schiffsanlegestelle in diesem Stil nachbauen. Sie bestand aus mehreren Gebäuden aus Holz mit Drachenornamenten, deren Bauelemente in Skandinavien vorgefertigt und in Potsdam zusammengesetzt wurden. Nach Kriegseinwirkung und Jahrzehnten im Grenzbereich war die Station bis auf wenige Reste verloren gegangen. Auf der Grundlage von historischen Plänen und Fotografien wurde die Matrosenstation durch privates Engagement originalgetreu rekonstruiert und enthält heute ein Restaurant.

# Der Osten – Babelsberg

## Park Babelsberg

Kein Park in der Potsdamer Kulturlandschaft kann mit so komplexen wie weitreichenden Sichtbeziehungen in die umliegende Landschaft aufwarten wie der von Babelsberg (Karte III). Vielleicht war es der Gartengestalter Peter Joseph Lenné, der den Prinzen Wilhelm (I.) auf das Potential des hügeligen Terrains aufmerksam machte. Wilhelm suchte nach seiner Heirat mit Augusta von Sachsen-Weimar (1829) nach einem geeigneten Gelände für ein Sommerschloss. Dessen Bau konnte ab 1833 realisiert werden. Karl Friedrich Schinkel entwarf den ersten Schlossbau ganz bewusst nicht auf der 77 m hohen Kuppe, sondern auf einem malerisch gelegenen Plateau. Ursprünglich war der Berg von Eichen bewachsen gewesen, doch unter napoleonischer Besetzung waren die Bäume im Winter 1806/07 wegen Holzmangels gefällt worden – jetzt gab es hier buschartige Austriebe, die in die Landschaftsplanung einbezogen werden konnten. Lenné legte in den ersten zehn Jahren unter dem Hauptaugenmerk möglicher Aussichtspunkte die wesentliche Wegeführung über die Anhöhen und erste Pflanzarbeiten für verschiedene Gartenbereiche fest. Trockenheit war das größte Problem in der Kultivierung des hoch gelegenen Parkareals. Als 1843 Fürst Hermann von Pückler-Muskau als Gartengestalter in Babelsberg tätig wurde, konnte er im Gegensatz zu Lenné für die Bewässerung des Areals schon auf ein mit Dampfmaschinen betriebenes Pumpwerk zurückgreifen. Neben der Wasserversorgung der Pflanzungen entstanden nun auch künstliche Seen, Gebirgsbäche, Brunnen und Wasserspiele.

Am besten kann man den Park vom **Pförtnerhaus** (III J2) aus erkunden: Von den vier bis 1880 fertiggestellten Eingangstoren zum Park war dieses das erste (bis 1843). Es ist nach dem Entwurf von Persius mit Zinnen, Putzquaderung und einem Erker geschmückt.

**Maschinenhaus** (III J2): Nach dem erfolgreichen Betrieb der Dampfmaschinenhäuser für Sanssouci (»Moschee«, S. 109) und Glienicke (S. 163), erhielt Ludwig Persius auch den Auftrag für den Entwurf eines solchen am Fuß des Babelsbergs; es wurde 1844/45 errichtet. Im mittelalterlichen Stilkleid passte es sich an das Schloss an. Wie ein Kastell liegt es am Wasser, der Schornstein ist in einem auffallend schlanken Turm verborgen, in dessen Ziegelmuster sich grün glasierte Spiralen winden. Die malerisch aneinandergefügten Baukörper sind typisch für Persius. Im Erdgeschoss befanden sich der Maschinen- und Kesselraum sowie die Wohnung des Maschinenmeisters. Das Obergeschoss enthielt Wohnungen für Kavaliere und ein dem König vorbehaltenes Teezimmer mit Erker am viereckigen Turm. Der Kesselraum wurde 1862/63 durch Moritz Gottgetreu nach Osten erweitert. Das Gebäude lag während der deutschen Teilung in den Grenzanlagen und diente viele Jahre als Heizhaus für die Hochschulgebäude auf dem Gelände.

**Schloss Babelsberg** (III I2): Von der Glienicker Brücke ◆ nimmt man das malerisch in der Landschaft liegende Gebäude mit seinen Erkern, Türmen, Zinnen und Balkonen als ein Märchenschloss wahr; als solches war es Kulisse in vielen Filmen. Vielgliedrig und asymmetrisch im englischen Tudorstil, ist es das Ergebnis zweier Bauphasen. Prinz Wilhelm (I.) und Augusta von Sachsen-Weimar-Eisenach beauftragten Karl Friedrich Schinkel mit dem Entwurf des Sommerschlosses; dessen Bau wurde 1833 begonnen, aber nur zur Hälfte ausgeführt. Geldmangel und der Gestaltungswille des Prinzenpaars brachten es in Konflikt mit Schinkel. Da der ältere Bruder des Prinzen, Friedrich Wilhelm, kinderlos blieb, avancierte Wilhelm

Schloss Babelsberg

nach dessen Thronbesteigung 1840 zum Kronprinzen, was einen repräsentativen Weiterbau des Schlosses ermöglichte. Ludwig Persius übernahm nach Schinkels Tod 1841 die Aufgaben im Sinne seines Lehrers. Aber auch er starb schon bald (1845), so dass die Planungen an Johann Heinrich Strack gingen, der bis dahin bereits für die Innenraumgestaltung zuständig gewesen war. Das Oktogon des ersten Bauabschnitts wurde in der Erweiterung als Tanzsaal wiederaufgenommen und stellt den Übergang zum Westflügel dar, in dem nun neben einem hohen Speisesaal auch Wohnungen für die Kinder des Paares Platz fanden. Die Einweihung der Erweiterung erfolgte 1849. Nach dem Tod Augustas 1890 stand das Schloss leer; erneute Erweiterungspläne für das Kronprinzenpaar Wilhelm und Cecilie führten ab 1908 zur kostspieligen Abtragung von Erdreich im südöstlichen Bereich. Jedoch entschied man sich wenig später für den Neuen Garten und dort zum Bau von Schloss Cecilienhof (S. 137). Nach dem Zweiten Weltkrieg wurde Schloss Babelsberg als Richterakademie, Filmhochschule und Museum für Ur- und Frühgeschichte genutzt. Seit 1991 ist es Schlossmuseum. Nach einer umfassenden Restaurierung soll es Mitte der 2020er Jahre wiedereröffnet werden.

Die Sanierungsarbeiten im Außenbereich sind bereits abgeschlossen. In den sehr verschiedenen und reich gestalteten **Terrassenanlagen** hat man die künstlerischen Prinzipien der Gartengestaltung z. B. durch Teppichbeete von Fürst Pückler wieder entstehen lassen. Südöstlich des Schlosses, direkt am Hang, befindet sich der **Michaelisbrunnen**. Den *Erzengel Michael* von August Kiß in neogotischer Brunnenwand bekam Wilhelm von seinem Bruder, König Friedrich Wilhelm IV., als Anerkennung für die Verdienste bei der Niederschlagung des Badischen Aufstandes 1849 als Denkmal geschenkt. Die **Voltaire-Terrassen** (III I2) hinter dem Schloss erhielten ihren Namen von den dort gepflanzten Linden, die ursprünglich aus dem Marquisat stammen, in dem der französische Philosoph 1750–53 während seines Aufenthaltes am Hofe Friedrichs II. wohnte. Die heutigen Linden sind Abkömmlinge davon. Zwischen dem *Erzengel Michael* und den Voltaire-Terrassen verläuft ein unterirdischer Gang, der das Schloss mit dem **Küchenhaus** (III I2) verbindet. Es wurde 1846–49 von Johann Heinrich Strack ebenfalls im mittelalterlichen Stil gestaltet.

**Kleines Schloss** (III I2): In dem ursprünglichen Gartenhaus eines Webers wurde während des Baus des Babelsberger Schlosses 1833 ein Arbeitsraum für Ludwig Persius eingerichtet. Er legte für den Umbau des Hauses zwar Entwürfe vor, jedoch erfolgten lediglich Aufstockung und Anbau. Eine nächste Erweiterung mit äußerer Umgestaltung nach Augustas Vorstellungen im englischen Cottage-Stil mit Zinnen und Ziertürmchen geschah 1841/42 unter Eduard Gebhard und war besonders auf Fernwirkung ausgerichtet. Der Name »Damenhaus« zeugt von der Unterbringung von Augustas Hofdamen. Auch Prinz Friedrich (Kaiser 1888) erhielt als Jugendlicher Räume im Kleinen Schloss. 1934–45 war es Wohnung des Komponisten Hans Chemin-Petit, ab 1950 eine Gastronomie, die über die Zeit der Grenzziehung erhalten blieb. Bis voraussichtlich 2024 ist eine umfangreiche Restaurierung des Gebäudes vorgesehen, und in dieser Zeit ist es nicht für die Öffentlichkeit zugänglich.

Absichtsvoll geschwungene Wege, die immer wieder neue Blicke in die Havellandschaft ermöglichen, führen nun zur **Gerichtslaube** (III I3) auf der Lennéhöhe: Das Gebäude entstand 1871/72 aus älteren Bauteilen – anlässlich von Wilhelms Krönung zum Kaiser 1871 schenkte die Berliner Bürgerschaft ihm Bauteile eines Gerichtsgebäudes aus dem 13. Jh., das nach 1860 dem Neubau des dortigen Rathauses hatte weichen müssen. Von diesen Teilen rührt der Name »Gerichtslaube« her. Über die Havel waren also originale Formsteine, Ziegel und Figurenschmuck nach Babelsberg gelangt und in den gotisierenden Entwurf von Johann Heinrich Strack aufgenommen worden. Der Mittelpfeiler unter dem Kreuzrippengewölbe trägt ein romanisches Kapitell mit Darstellung menschlicher Torheiten. Eine lachende, vogelähnliche Figur mit Eselsohren, der Kaak, zeigt mit Spott auf den Pranger. Zum Schutz gegen weiteren Vandalismus gibt es keinen Aufgang ins Obergeschoss mit den Maßwerkfenstern, von wo aus eine Treppe auf das Dach führt.

**Flatowturm** (III I3): Von weiter Ferne kann man den 46 m hohen, ebenfalls mittelalterlich gestalteten Aussichtspunkt sehen, der 1853–56 an der Stelle einer abgebrannten Mühle von Johann Heinrich Strack errichtet wurde. Die Wahl des Vorbildes im Eschenheimer Torturm von Frankfurt am Main (Beginn des 15. Jh.s) könnte als Reaktion auf die Nationalversammlung und die vom preußischen König abgelehnte Reichsverfassung interpretiert werden. Der Turm steht bastionsartig in einem Wasserbassin, das an den Wassergraben wehrhafter Burgen erinnert. Auch die Gestaltung von Anbau, Zinnen, Erkertürmen und Spitzhelm lässt an Burgen denken. Vom Balkon ergeben sich weite Sichten in die Landschaft. Das westpreußische Gut Flatow, aus dessen Einnahmen der Bau finanziert wurde, gab dem Turm seinen Namen.

Wie beim Flatowturm oder später bei der Gerichtslaube kamen auch in Stracks Entwurf für den Umbau des **Matrosenhauses** (III H3) konkrete Vorbilder des deutschen Mittelalters zum Zuge – nach dem Geschmack Augustas eine neue Richtung gegenüber dem bislang verwendeten englischen Tudorstil. So findet man am 1868 umgebauten Wohnhaus für die Matrosen, die den königlichen Schiffsfahrten dienten, Staffelgiebel nach dem Vorbild des Stendaler Rathauses (15. Jh.). Das reich mit gelben Ziegeln in verschiedenen Formen von Gittern, Friesen und Pfeilervorlagen geschmückte Haus ist ein besonderes Kleinod in der Babelsberger Parkarchitektur.


## Neuendorf und Nowawes

Neuendorf war ein schon im 14. Jh. erwähntes Dorf südöstlich von Potsdam, von dem sich der Anger bis heute in seiner Struktur erhalten hat. Eine 1585 darauf errichtete Fachwerkkirche wurde 1850–53 durch die **Alte Neuendorfer Kirche** (Neuendorfer Anger 1) ersetzt, einen kleinen neogotischen Zentralbau nach dem Entwurf von Ludwig Ferdinand Hesse. Grundlage dafür war eine Skizze des Königs Friedrich Wilhelm IV., die vom romanischen Zentralbau St. Gereon in Köln (13. Jh.) inspiriert war. Die Kirche aus gelben Ziegeln auf oktogonalem Grundriss ist durch mehrfach gestufte Strebepfeiler an den Ecken und Spitzbogenfenster gegliedert. Unter dem

Zeltdach mit spitzer Laterne befindet sich ein arkadenartig vorgeblendeter Schmuckfries. Wenn man durch den vorgesetzten Eingangsraum die Kirche betritt, öffnet sich der Blick in einen frühgotisch gestalteten Innenraum mit beeindruckendem Sternrippengewölbe. Weil die Bevölkerung in der zweiten Hälfte des 19. Jh.s stark wuchs, entschied man sich für den Einbau einer zusätzlichen Empore und Umbaupläne, die allerdings nicht verwirklicht wurden. Stattdessen errichtete man 1898 nebenan die Bethlehemkirche, einen Saalbau mit Turm und Staffelgiebel. Die Alte Neuendorfer Kirche geriet damit ins Abseits. Die Zerstörung der Bethlehemkirche beim Bombenangriff 1945 führte zu deren Abriss, während man die Alte Neuendorfer Kirche sicherte. Abrisspläne aus den 1970er Jahren konnten abgewendet werden, das Gewölbe stürzte ein. Durch großes Engagement der Pfarrerin Gisela Opitz, der Baufirma Roland Schulze und vieler Bürger gelang die Generalsanierung bis 2007. Heute ist das Gebäude ein beliebter Ort für Veranstaltungen und standesamtliche Trauungen.

Nördlich von Neuendorf wurden ab 1751 aus Gründen von Merkantilismus und Toleranz protestantische Glaubensflüchtlinge aus Böhmen und anderen armen Regionen angesiedelt. So entstand die Weberkolonie Böhmisch Neuendorf, später **Nowawes** (böhm. ›neues Dorf‹) genannt (III I5). Die dafür unter der Aufsicht von Oberst Wolf Friedrich von Retzow und Heinrich Ludwig Manger in den Jahren 1751–54 gebauten Häuser waren uniform gestaltet: ebenerdig, fünfachsig mit traufständig hohem Satteldach und Mitteleingang sowie einem Gartenstück zur Selbstversorgung. Im Erdgeschoss enthielten sie neben der Küche und kleinen Kammern Räume für die Web- und Spinnarbeit. Die ersten 155 Häuser entstanden am spitzen Winkel einer Kreuzung von Landstraßen. Im Inneren des auch durch die Böhmischen Brüder religiös orientierten Siedlungsdreiecks, am Weberplatz, befindet sich die **Friedrichskirche**

(III J4). Das nach dem König benannte Gotteshaus wurde von Jan Bouman entworfen, 1753 geweiht und sowohl von Deutschen als auch von Böhmen lutherischer Konfession genutzt. Ein verputzter Ziegelbau erhebt sich auf gestrecktem oktogonalem Grundriss mit einer Sakristei im Osten und dem Turm im Westen. Dessen Helm geht von einem quadratischen Grundriss in eine achteckige spitze Turmhaube über. Eine Vergrößerung der Kolonie um weitere 55 Häuser erfolgte 1764–67 unter der Aufsicht von Heinrich Wilhelm von Anhalt und mit Bauausführung Heinrich Ludwig Mangers. Neben einigen Exulanten zogen auch viele deutsche Handwerker in die inzwischen 210 **Kolonistenhäuser**, die jeweils für zwei Familien Wohn- und Arbeitsraum gaben. Ca. 140 Häuser existieren noch heute und stehen unter Denkmalschutz. Die Seidenproduktion war ein ehrgeiziges Ziel jener Zeit. Die Straßen und Plätze waren mit Maulbeerbäumen bepflanzt, mit deren Blättern die Seidenraupen ernährt wurden. Klimatische und technische Probleme ließen das Projekt Anfang des 19. Jh.s scheitern. Dennoch entwickelten sich Neuendorf und Nowawes in dieser Zeit zu einem wirtschaftlichen Standort, insbesondere nach Errichtung einer Bahnstation (heute S-Bahnhof Babelsberg). Neuendorf erhielt 1893 ein Rathaus, fünf Jahre später entstand das Rathaus Nowawes, heute **Kulturhaus Babelsberg** (III I5) von Julius Otto Kerwien. Es zitiert die Märkische Backsteingotik durch zwei Staffelgiebel zu den Straßenfronten und fällt insbesondere durch die grün glasierten Ziegel in der Verwendung von Gesimsen und Dachabschnitten auf. Von hier wurde die Vereinigung beider Orte 1907 unter dem Namen Nowawes verwaltet, das 1924 Stadtrecht erhielt. Der Zusammenschluss mit der Villenkolonie Neubabelsberg (S. 156) führte – weil der Name Nowawes 1938 als zu slawisch klingend abgelehnt wurde – zur Bezeichnung »Babelsberg«. Die nächste Eingemeindung nach Potsdam erfolgte 1939.

**Oberlinhaus** (III I4): Das heute über mehrere Stellen der Stadt in verschiedenen Bereichen der Diakonie tätige Unternehmen geht auf den Sozialreformer Johann Friedrich Oberlin (1740–1826) zurück. Ab 1877/78 entstand das Diakonissenmutterhaus von Max Beyertt in Neorenaissanceform, gefolgt von verschiedenen Krankenhausgebäuden in Backsteinmauerwerk und einer neogotischen Kirche (1905, Ludwig von Tiedemann) unter zusätzlicher Verwendung von Kalkstein. Besonders erwähnenswert an diesem Ensemble ist die Eckbebauung durch das Feierabendhaus mit Klinkerfassade und expressiver Struktur von 1925–27. Jüngstes Gebäude im Komplex ist seit 2008 eine Fachklinik für Orthopädie von AWB Architekten.

**St. Antonius** (III J4): Obgleich die große Mehrheit im (heutigen) Babelsberg Protestanten waren, kam es 1906 zur Weihe einer katholischen Kapelle unter dem Patrozinium des Heiligen Antonius. Die Kirche entstand 1933/34 nach den Entwürfen von Wilhelm Fahlbusch in grundstücksbedingt nord-südlicher Ausrichtung. Der schlichte kubische Bau ist rau verputzt und hat ein Seitenschiff an der Westwand sowie einen asymmetrisch angefügten Turm mit schmalen Schallfenstern und kupfergedeckter Spitze.

**Filmuniversität Babelsberg Konrad Wolf** (siehe Übersichtskarte; Marlene-Dietrich-Allee 11): Auf dem Ufa- bzw. DEFA-Gelände erhielt die 1954 gegründete Hochschule für Film und Fernsehen in Bezug auf die dort lange Filmproduktionsgeschichte im Jahr 2000 ein sehr innovatives Gebäude nach dem Entwurf des Architekturbüros me di um Architekten. Der Eingang fällt durch mikadoähnliche Stützen auf; das Ensemble selbst besteht aus fünf Häusern, die durch Stege miteinander verbunden und von einer transparenten Hülle umgeben sind. Die Glashaut nutzt Sonnenenergie und ermöglicht Wintergärten zwischen den Trakten. Gegenüber wird für das Filmmuseum – als Teil der Universität – nach einem Entwurf des Berliner Architekten Christoph Kohl seit 2020 ein neues Sammlungsdepot errichtet (Marlene-Dietrich-Allee 12a). Im Jahr 2014 wurde die Hochschule zur Universität erklärt. Der Namensgeber, Konrad Wolf (1925–1982), war ein bekannter Filmregisseur der DDR.

**Filmstudios und Medienstadt Babelsberg** (siehe Übersichtskarte; August-Bebel-Straße, Marlene-Dietrich-Allee, Großbeerenstraße, Stahnsdorfer Straße): Der Stummfilm *Der Totentanz* (1912), der erste Science-Fiction-Film *Metropolis* (1927), *Der Blaue Engel* (1930) mit Marlene Dietrich, *Inglourious Basterds* (2009) von Quentin Tarantino oder die Fernsehserie *Babylon Berlin* (ab 2017) gehören zu den berühmtesten Produktionen der Babelsberger Filmstudios. Deren Karriere begann 1911 als Berliner Deutsche Bioscop-Gesellschaft in dem alten Gebäude einer ehemaligen Kunstblumenfabrik. In einem angebauten gläsernen Tageslichtatelier fanden darauf die Aufnahmen für den ersten Stummfilm *Der Totentanz* statt. Mit der Übernahme der Stätte durch die Universum Film AG (Ufa) 1922 entstanden erste kleinere Gebäude in traditionell neobarocken Formen. Die heutige Marlene-Dietrich-Halle wurde 1926/27 nach dem Entwurf von Carl Stahl-Urach als das damals europaweit größte Kunstlicht-Filmstudio in mit Backstein ausgefachtem Stahlfachwerk errichtet. Seit 1987 ist die Fassade unter einer Blechverkleidung verborgen. Für die Tonfilme baute Otto Kohtz 1929 das »Tonkreuz«, einen massiven, aus Schallschutzgründen fensterlosen Klinkerbau, der mit seinen großen schmucklosen Flächen auf H-förmigem Grundriss einen der bedeutendsten expressiven Bauten des Geländes in großer Plastizität darstellt. Kohtz wurde mit weiteren Bauaufgaben betraut: So entstanden u. a. in der Zeit des Nationalsozialismus die Pfeilerhallen am Billy-Wilder-Platz. Das Kleindarstellerhaus von Günther Vandenhertz wurde 1955 gebaut. In den 1990er Jahren begann die Entwicklung des Areals zu einer Medienstadt, die neben dem Sendezentrum des Rundfunk Berlin Brandenburg (RBB) viele, auch weltweit tätige Unternehmen aus dieser Branche anzog. Die Büros Hilmer & Sattler und Valode & Pistre schufen dafür die städtebaulichen Pläne. Von den vielen Gebäuden dieser Zeit seien nur das fx.Center von 1999 in der auffallenden Aluminiumfassade von dem Japaner Shin Takamatsu und das Deutsche Rundfunkarchiv von Busmann + Haberer genannt, das im Jahr 2000 fertiggestellt wurde.

## Villenkolonie Neubabelsberg

In ruhiger Umgebung am Griebnitzsee, im luftsauberen Südosten der Großstadt und doch an deren Bahntrasse gelegen, sollte das von den Architekten Wilhelm Böckmann und Hermann Ende ab 1873 entwickelte Siedlungsgebiet wohlhabende Bürger aus Berlin und Potsdam anziehen. Doch die Nachfrage war zunächst gering; erst mit der Eröffnung der »Neuen Wannseebahn« 1891 stiegen die Bauaufträge. Durch die Nähe zu den Filmstudios begegnete man auch Filmstars wie Brigitte Horney, Heinz Rühmann oder Marika Rökk. Ludwig Mies van der Rohe begann hier seine Architektenlaufbahn, man findet Bauten von Hermann Muthesius, Alfred Grenander, Paul Bonatz und Estorff & Winkler. In einem heute nicht mehr vorhandenen Haus in der Rote-Kreuz-Straße, Ecke Stahnsdorfer Straße, betrieb Peter Behrens ab 1907 für einige Jahre ein Architekturbüro, in dem u. a. Adolf Meyer, Mies van der Rohe, Walter Gropius und Le Corbusier arbeiteten. Nach dem Zweiten Weltkrieg, während des Potsdamer Abkommens im Sommer 1945 in Cecilienhof, wohnten die drei Vertreter der Alliierten in verschiedenen Villen in Neubabelsberg, in der DDR-Zeit nutzte die Filmhochschule viele der Häuser, die nun im Grenzgebiet lagen. Der **Bahnhof Griebnitzsee** (siehe Übersichts-karte; Rudolf-Breitscheid-Straße) wurde gesperrt. 1874 war er ursprünglich mit der Wiederverwendung eines repräsentativen Pavillons von der Wiener Weltausstellung eröffnet worden. Die wachsende Bedeutung des Ortes auch als Filmstadt führte 1930–32 zu einem Bahnhofsbau im Stil der neuen Sachlichkeit von Reichsbahnrat Günther Lüttich.

**Villa Müller-Grote / Truman-Villa** (siehe Übersichtskarte; Karl-Marx-Straße 2): Eine Mischung aus Landhausstil auf der Straßenseite und Neorenaissance zum Garten und auf den See bestimmt die Wirkung des sehr repräsentativen Baus von 1891/92 der Berliner Architekten Heinrich Joseph Kayser und Karl von Großheim. Er diente dem Verleger Carl Müller-Grote als Sommersitz. Internationale Bedeutung erhielt die Villa durch den Aufenthalt des amerikanischen Präsidenten Harry S. Truman zur Zeit des Potsdamer Abkommens, während dessen die beiden Atombombenabwürfe auf Hiroshima und Nagasaki befehligt wurden. Danach wohnte hier bis 1946 der Oberbefehlshaber der sowjetischen Besatzungstruppen in Deutschland, Marschall Georgi Schukow, und anschließend diente sie u. a. als Parteischule der SED (Sozialistische Einheitspartei Deutschlands). Die Friedrich-Naumann-Stiftung hat seit Ende der Sanierung 2001 hier ihren Hauptsitz.

**Villa Urbig / Churchill-Villa** (siehe Übersichtskarte; Virchowstraße 23): Der Bankier Franz Urbig ließ sich die repräsentative Villa 1915-17, mitten im Weltkrieg, von dem erst 29-jährigen Ludwig Mies (»van der Rohe« nannte er sich erst ab 1920) bauen. Anders als die Gebäude in der Umgebung lehnt sie sich in ihrer Schlichtheit an den Klassizismus an. Nach Aussage der Bauherren-Tochter war ursprünglich ein Flachdach geplant. Das rosafarbene Gebäude erhielt durch Kolossalpilaster und steinerne Fensterumrahmungen eine zarte Profilierung sowie durch Festons über den bodentiefen Fenstern des

Villa Urbig (»Churchill-Villa«)

Erdgeschosses und den filigranen Mittelbalkon eine elegante Note. Im Inneren haben sich Wandgemälde von Alfred Propp und Fritz Rumpf erhalten. Die Terrassen am Hang zum See geben der Wirkung des Hauses die für Mies typische Klarheit. Während der Potsdamer Konferenz wohnte hier Winston S. Churchill und, nachdem dieser durch Wahlen abgelöst worden war, Clement R. Attlee. Ab etwa 1950 war die Villa Gästehaus der Akademie der Rechts- und Staatswissenschaften der DDR, nach 1961 lag sie im Grenzgebiet. Seit 2009 ist das Anwesen im Besitz des SAP-Mitbegründers Hasso Plattner.

**Rosa-Luxemburg-Straße 40** (III K4): Jean Kämer, der langjährige Büroleiter des Architekten Peter Behrens, hat dieses Haus 1924 für einen jüdischen Kaufmann entworfen. Das zur Straße hin giebelständige Haus, durch kleinteilige Fenster und feine horizontale Gesimse gegliedert, zeigt zum Garten hin einen massiven Bau unter Walmdach mit Fledermausgaube. Nach seiner Absetzung als Kölner Oberbürgermeister 1934 wohnte Konrad Adenauer hier bis 1935.

**Landhaus Gugenheim** (III K3): Hermann Muthesius vertrat in Erfahrung der englischen Reformbewegung in vielen seiner Projekte den Landhausstil, so auch hier, in dem 1921/22 für den bekannten Seidenfabrikanten Fritz Gugenheim errichteten Wohnhaus, der es nach Fertigstellung seinem Sohn Hans schenkte. Dessen Initialen sind am schmiedeeisernen Tor des Grundstücks noch zu erkennen, das den eingeschossigen Bau mit schiefergedecktem Mansarddach und polygonalem Mittelrisalit umgibt. Die Schauspielerin Brigitte Horney erwarb das Anwesen 1938, dessen jüdische Besitzer 1936 das Land hatten verlassen müssen. Erich Kästner wohnte zeitweilig hier und schrieb unter Pseudonym das Drehbuch für *Münchhausen* (1943). Zur DDR-Zeit diente das Haus als Internat. Heute ist es in Privatbesitz.

**Villa Herpich / Stalin-Villa** (III K3): Der für viele Bauten der Berliner U-Bahn bekannte Architekt Alfred Genander entwarf 1911 für Paul Herpich, den Besitzer eines seit Generationen erfolgreichen Pelzhandelsunternehmens, diese repräsentative Villa. Das zur Straße hin mit Mansarddach, feingliedrigen Fenstern und Fensterläden im Landhausstil erscheinende Gebäude zeigt zum Garten mit doppelläufiger Treppe, Loggia, Balkon und Brunnen neobarocke Zitate. Zur Zeit der Potsdamer Konferenz wohnte hier Josef Stalin, später war das Haus Teil der Filmhochschule. Heute ist es Bürogebäude des Bauindustrieverbands.

**Villa Mosler** (III K2): Das dritte und 1924–26 bereits letzte für die Babelsberger Villenkolonie entworfene Haus gehört wie das Haus Riehl (S. 160) und die Villa Urbig (S. 157) zum Frühwerk Ludwig Mies van der Rohes. In dem Gebäude zeigt sich dessen Auseinandersetzung mit preußischer Bautradition, Schinkel und dem Neoklassizismus. Mit hohem Anspruch auf Präzision bis ins Detail wurden hier Sichtziegel im flämischen Verband gemauert, was an die Strukturen des Holländischen Viertels denken lässt. Die Villa wurde auf den Grundmauern des alten Gutshauses einer Maulbeerplantage für den Bankier Georg Mosler gebaut, der 1933 als Jude Deutschland verlassen musste. In der Zeit der DDR war darin eine Kinderklinik untergebracht. Heute ist das Anwesen in Privatbesitz.

**Villa Sarre** (III K3): Der Bauherr, Archäologe und Orientforscher Friedrich Sarre war 1904–31 Direktor der Islamischen Abteilung der Berliner Museen. Der erste Entwurf für die Villa stammte von Joseph Maria Olbrich, einem Meister des Darmstädter Jugendstils. Schließlich gebaut hat man 1906 den Entwurf von Otto Sior im Stil der Frührenaissance, wahrscheinlich aufgrund des großen Platzbedarfs für die Kunstsammlung Sarres. Für die Rekonstruktion der Prozessionsstraße von Babylon im Berliner Pergamonmuseum wurden neue Ziegel gebrannt, und Sarre ließ davon eine Kopie für den Fries der umlaufenden Säulenhalle seines Hauses herstellen. Rundbogige, zweigeteilte Fenster im Erdgeschoss, grob bearbeitete Quader an den Gebäudeecken und Fensterstürzen sowie ein Belvedere geben der Villa einen italienischen Charakter. Nach 1945 war das Haus sowjetische Kommandantur und danach Teil der Filmhochschule.

Das **Haus Riehl** (III K2) ist das Erstlingswerk Ludwig Mies van der Rohes. Um ein kleines, abschüssiges Grundstück mit Blick über den Griebnitzsee zu bebauen, war Sophie Riehl, die Frau des Philosophieprofessors Alois Riehl, 1906 in das Büro von Bruno Paul gekommen und dadurch an den 20 Jahre jungen Mies (van der Rohe) geraten. Ganz im Gegensatz zu dessen späterem Werk erscheint das entworfene Wohnhaus mit seinen zarten Pilaster- und Gesimsandeutungen neobiedermeierlich. Auf den zweiten Blick erst öffnet sich die Raffinesse des in den Hang gelegten Untergeschosses. Dessen Außenmauer dient gleichzeitig als Fangmauer der oberen Terrasse und ist mit Stützpfeilern an der Loggia mit dem Dachgesims verbunden. In den 1930er Jahren wurde die Loggia mit kleinteiligen Fenstern verschlossen. Im Inneren befindet sich eine quadratisch gerasterte, fensterlose Halle mit Kamin. Das denkmalgerecht sanierte Haus befindet sich in Privatbesitz.

**Sternwarte Babelsberg, Leibniz-Institut für Astrophysik Potsdam** (III J3): Nachdem 1874 auf dem Potsdamer Telegraphenberg das Astrophysikalische Institut gegründet wurde, zog die Berliner Sternwarte 1913 – auch aus Gründen der Luftverschmutzung über Berlin – nach Babelsberg um. Dafür entstanden mehrere Gebäude nach Entwürfen von Georg Thür. Das Hauptgebäude, das Humboldthaus, mit seiner Refraktorkuppel von 14,5 m Durchmesser über dem vorspringenden Mittelbau ist über Riegel mit seitlichen kleineren Refraktoren verbunden. Mit seinen neobarocken Elementen erinnert es ein wenig an Schloss Sanssouci. Zu den historischen Bauten gehören auch drei Meridianhäuser, deren gewölbte Dächer mit Holzlamellen zu Messzwecken auf Eisenschienen geöffnet werden konnten. Im Zuge von Sanierungsarbeiten 1999–2001 wurden durch Joachim Kleine-Allekotte zwei der Meridianhäuser mit einem Neubau für Ausstellungs- und Dokumentationszwecke verbunden und ein Kuppelbau, der einst ein Spiegelteleskop enthielt, zu einem modernen Bibliotheksgebäude mit reflektierendem Dach umgebaut. Das Architekturbüro Pitz & Hoh konzipierte den mehrgeschossigen Bürobau. Das 1999 eröffnete Schwarzschildhaus nimmt durch die Verwendung von Glas, Holzlamellen und eine von zwei Säulen getragene aufwärtsragende Spitze den Bezug zum Ort auf. Das 2010 eröffnete Leibnizhaus von BH/BVT Architekten, ein zweigeschossiges, dreiseitig gekrümmtes Gebäude, ist durch farbige Metallelemente vertikal gerastert; alle technischen Räume wurden unter die Erde verlegt.

# Sehenswürdigkeiten in der Umgebung

## Park Klein-Glienicke

Der unmittelbar hinter der Glienicker Brücke beginnende, mehr als 100 ha große **Park Klein-Glienicke** (siehe Übersichtskarte) liegt zwar auf Berliner Seite, gehört kulturgeschichtlich jedoch zu den anderen Anlagen wie Sanssouci, Neuer Garten, Babelsberg und Pfaueninsel. Er ist seit 1991 Teil des UNESCO-Weltkulturerbes.

Staatskanzler Fürst von Hardenberg mietete das Areal ab 1810 und ließ ab 1816 ein bestehendes Gutshaus durch Karl Friedrich Schinkel umbauen. 1824 kaufte Prinz Carl das Anwesen und ließ das **Schloss Glienicke** (III I1) bauen, bei dem es sich aber eher um eine Villa handelt. Die heute (als Museum) erlebbare klassizistische Form geht ebenfalls auf Schinkel zurück. Auf dem Anwesen entstand nun – in Sichtweite zum Sommerschloss von Carls älterem Bruder Wilhelm (I.) im englischen Stil auf dem Babelsberg – eine sehr italienisch anmutende Anlage: Unter Verwendung von auf Italienreisen erworbenen antiken und mittelalterlichen Spolien wurde das Gutshaus mit seiner gärtnerischen Umgebung, der Remise und dem Wirtschaftshof in ein südländisch wirkendes Ensemble verwandelt. Schinkels rotundenförmiger Teepavillon, die **Große Neugierde**, vergoldete Greifen am Eingangstor und der Löwenbrunnen vor dem Schlossrisalit sind schon von der Straße aus zu sehen. Der in nahezu alle Umbauten involvierte Schinkel-Schüler Ludwig Persius entwarf 1840–42 einen Ruhesitz mit hölzernem Zeltdach, das **Stibadium**, von dem sich über eine Granitschale der Blick auf die entfernte Potsdamer Stadt bietet, sowie Teile des 1845 verwirklichten **Wirtschaftshofs**; hier verband er bestehende Gebäude durch Bögen und

Pergolen. Das Belvedere des Turmes mit dem *Venezianischen Fenster* wurde 1872 durch Ernst Petzholtz aufgesetzt.

Neben dem Schloss gelangt man zur **Orangerie** mit Treibhäusern vom Grundriss eines T. Hierbei handelt es sich um einen Nachbau von 1980/81, denn das Original von 1839 nach Entwürfen von Persius riss man aufgrund von Kriegsschäden ab.

Der sogenannte **Klosterhof** wurde 1850 größtenteils aus originalen antiken, byzantinischen und mittelalterlichen Sammlungsobjekten unter Prinz Carl erbaut. Die architektonische Urheberschaft der Anlage ist nicht geklärt. Kriegszerstörung und Vandalismus führten zur Rekonstruktion mit Kopien wichtiger Stücke. Der Entwurf des **Casinos** mit seinen rahmenden Pergolen am Wasser dagegen stammt von Schinkel. Er entwarf das Gebäude 1824/25 auf dem Platz eines alten Billardhauses für Teile von Carls Antikensammlung, als Teepavillon mit Wohnung im Obergeschoss. Beim Durchschreiten der südlichen Pergola vermittelt ein Spiegel im Fenster am Ende die Illusion der Endlosigkeit. Die Terrasse am Wasser bietet einen der schönsten Ausblicke in die Potsdamer Landschaft. Wenige Meter nördlich, über dem Ufer, steht das von Ludwig Persius entworfene **Gärtner- und Maschinenhaus** von 1836–38. Im Turm befinden sich neben der Dampfmaschine ein Aussichtskabinett und darüber das Wasserreservoir. Über einen für Persius typischen Bogen wurde die Verbindung zum Gärtnerhaus hergestellt, die Pergola davor nimmt Bezug zum Casino. Zwei Jahre nach dem Tod von Prinz Carl (1801–1883) ging der Besitz an dessen Enkel Prinz Friedrich Leopold über. Nach Kriegsbeschädigung und Nutzung als Westberliner Sportanlage begann ab 1950 die sukzessive Sanierung der Anlage, deren zentrale Bereiche heute von der Stiftung Preußische Schlösser und Gärten verwaltet werden.

Das ehemalige kurfürstliche **Jagdschloss Glienicke** (III J2) aus dem 17. Jh. auf der anderen Seite der Königstraße, das schon

Schweizerhaus in Klein-Glienicke

1859 durch Ferdinand von Arnim in neobarocken Formen umgebaut wurde, ließ Prinz Leopold durch Albert Geyer 1889 aufstocken und mit einem Turm versehen. Unmittelbar dahinter,
eingebettet in eine hügelige Landschaft, entstanden ab 1864
ebenfalls nach Entwürfen von Arnims etwa zehn **Häuser im
Schweizer Stil** (z. B. Louis-Nathan-Allee 6; III J2) als Wohnraum für Hofangestellte. Die pittoresken, mit reichen Schnitzereien verzierten Bauten entsprachen dem Zeitgeschmack
und vermittelten durch ihre Vielfalt den Eindruck eines natürlich gewachsenen Dorfes am Wasser des Bäkegrabens, der Verbindung vom Griebnitzsee mit dem Tiefen See vor dem Bau
des Teltowkanals. Die skurrile Insellage des ostdeutschen
Ortsteils Klein-Glienicke im Westberliner Bereich, angebun-

den einzig durch die von Grenzposten bewachte Brücke nach Babelsberg, trug zur Vernachlässigung bei; nur vier Schweizerhäuser sind noch erhalten. Die **Klein-Glienicker Kapelle** (III J1) sollte ebenfalls in Schweizerischem Stil entstehen, gebaut wurde jedoch 1881 ein neogotischer Saalbau von Reinhold Persius mit kleinem Glockenturm, Zwerchgiebeln und reichem Ziegelschmuck. 1994–99 konnte die jahrzehntelang verfallene Kapelle einschließlich Sauer-Orgel mit privaten Spenden und Hilfe der Deutschen Stiftung Denkmalschutz saniert werden. Heute ist sie ein beliebter Ort für Musik, Taufen und Trauungen.

Die Pfaueninsel und der Weg dorthin

Auf dem Uferweg von der Glienicker Brücke in nördliche Richtung, entlang des Glienicker Parks, gelangt man zunächst zum **Gasthaus Moorlake** (siehe Übersichtskarte; Moorlakeweg 6). Es wurde 1841 von Ludwig Persius als Prinzliche Unterförsterei im Schweizer Stil mit königlichem Teezimmer im Obergeschoss errichtet, jedoch im Zuge des Umbaus zur Aufnahme von Gastronomie schon Ende des 19. Jh.s stark verändert. Der Weg am Wasser führt direkt zur Fährstelle der Pfaueninsel. Es lohnt jedoch ein parallel verlaufender Höhenweg, vorbei an zwei bemerkenswerten Bauten unter dem Namen **Nikolskoe** (russ. *Nikol'skoje*, ›des Nikolaus‹; siehe Übersichtskarte). Friedrich Wilhelm III. ließ 1819 hier ein **Blockhaus** bauen, das er seiner Tochter Charlotte (als Alexandra Fjodorowna seit 1817 mit dem späteren russischen Zaren Nikolaus [I.] verheiratet) bei deren Besuch 1820 zum Geschenk machte. Der Entwurf dazu geht auf damals in Mode gekommene Blockhäuser von Carlo Rossi (1775–1849) in St. Petersburg zurück, die der König bei einem Besuch 1818 kennengelernt hatte. Das

Blockhaus enthielt Wohnraum für die Matrosen der königlichen Fregatte und für den Monarchen eine Teestube. Es brannte 1984 ab, wurde originalgetreu rekonstruiert und ist heute ein Ausflugslokal.

Alexandras Wunsch nach einer kleinen Kapelle führte 1837 zum Bau der weit über das Wasser sichtbaren **Kirche St. Peter und Paul** (siehe Übersichtskarte) in unmittelbarer Nähe. Die genaue Platzierung des Plateaus für die aus ästhetischen Gründen mit einem Turmriegel nach Norden orientierte Kirche legte der König von einem Boot aus fest. Ihre Eingangshalle und vor allem der Turmaufsatz in Zwiebelform haben wiederum russische Anklänge. Der Innenraum beeindruckt aufgrund der original erhaltenen Farbigkeit und der Kassettendecke.

Der weitere Weg bergab führt nun zu einer Fähre, die zur **Pfaueninsel** (siehe Übersichtskarte) übersetzt. Diese idyllisch gelegene, in der Landschaft über weite Sichten verbundene, 67 ha große Insel gehört zum UNESCO-Weltkulturerbe. Unter Kurfürst Friedrich Wilhelm experimentierte hier der Chemiker Johannes Kunckel im 17. Jh. in abgeschiedener Lage zur Herstellung von Rubinglas. Das unter Friedrich Wilhelm II. 1794–97 auf Fernsicht zum Marmorpalais ausgerichtete **Schloss** an der südwestlichen Spitze der Insel wirkt mit seinen über eine Brücke verbundenen Türmen wie eine romantische Staffagearchitektur. Neben den mit kostbaren Hölzern ausgestatteten Innenräumen weist das **Otaheitische Kabinett** mit seiner Ausmalung auf die Entdeckung der Südseeinseln hin, verbunden mit den Paradiesvorstellungen jener Zeit.

**Meierei:** Zeitgleich mit dem Schloss entstand am nördlichen Ende der Insel eine weitere Staffagearchitektur, eine Meierei in gotischer Ruinenform. Dieser Bau war Ausdruck des Zeitgeistes: Die das Mittelalter verklärende gotische Form war Bestandteil englischer Landschaftsarchitektur – entsprechend dem Rousseau zugeschriebenen Wort »Retour à la nature!« (»Zurück zur Natur!«) sowie der landwirtschaftlichen Nutzung brachliegender Klosteranlagen kam in Adelskreisen die »Ornamented Farm« in Mode, die romantische Inszenierung des einfachen Landlebens in kulissenhafter Umgebung.

Mittels einer englischen Dampfmaschine war 1824 die erste künstliche Gartenbewässerung möglich. Höhepunkt des Sammelns exotischer Tiere und Pflanzen war der Bau eines außergewöhnlichen Palmenhauses 1829–31 nach Entwürfen von Karl Friedrich Schinkel, das jedoch 1880 einem Großbrand zum Opfer fiel.

**Danziger Haus:** Als 1823 in Danzig ein spätgotisches Haus der Patrizierfamilie Schlieff von 1520 für einen Neubau abgerissen wurde, erwarb man im Auftrag Friedrich Wilhelms III. Architekturteile und ließ sie auf Schinkels Vorschlag hin einem schon seit Beginn des 19. Jh.s bestehenden Kavalierhaus auf der Pfaueninsel vorblenden. Zur Aufnahme der Fassade erhielt das Gebäude einen dem Danziger Haus entsprechenden Turm. Als Zeugnis früher Bestrebungen im Sinne der Denkmalpflege erlangte der Vorgang nochmalige Bedeutung in den 1970er Jahren: Bei der Rekonstruktion von Danzig nach den Zerstörungen des Zweiten Weltkriegs entschied man sich für den Wiederaufbau des spätgotischen Schlieff-Hauses und konnte dafür die originalen Teile auf der Pfaueninsel vermessen.

## Sacrow

Schaut man von der Glienicker Brücke nach Norden, fällt eine malerisch gelegene Kirche mit frei stehendem Campanile ins Auge: Die **Heilandskirche** (siehe Übersichtskarte) steht auf einer Landzunge direkt an der Havel. Wie ein Schiff liegt sie am Port von Sacrow und gibt der von Peter Joseph Lenné (1789–1866) gestalteten Landschaft damit einen ganz besonderen, weithin in viele Richtungen sichtbaren Akzent. Friedrich Wilhelm IV. beauftragte Ludwig Persius mit dem Entwurf, der 1843/44 ausgeführt wurde. Der Vorliebe des Königs für Basiliken ist hier nur scheinbar entsprochen worden: Der die Apsis einschließende, umlaufende Säulengang lässt das Gotteshaus aus der Ferne dreischiffig erscheinen (in direkter Folge kam es zeitlich direkt anschließend am Marlygarten von Sanssouci zum Bau der Friedenskirche [S. 92], ebenfalls nach Entwürfen von Ludwig Persius). Die Parkanlage rings um die Heilandskirche gehört zum Herrenhaus in Sacrow, welches der schwedische Generalleutnant Johann Ludwig von Hordt 1773 erbauen ließ. Die Situation im Grenzgebiet während der deutschen Teilung brachte dem Anwesen starke Beschädigungen. Die Heilandskirche lag direkt im Grenzstreifen und verfiel über fast drei Jahrzehnte. Kurz nach dem Mauerfall, zu Weihnachten 1989, gab es dort den ersten Gottesdienst. Heute ist die Kirche saniert, Ort für Gottesdienste und Konzerte sowie ein beliebtes Ziel von Ausflügen per Schiff.

## Caputh

Südwestlich von Potsdam, zwischen dem Templiner und dem Schwielowsee an einer über den Verbindungskanal führenden Fähre gelegen, lockt Caputh seit Jahrhunderten nicht nur Ausflügler in die herrliche, im Frühjahr blütenreiche Landschaft. Kurfürst Friedrich Wilhelm errichtete ab Ende des 17. Jh.s mehrere Lustschlösser in der Umgebung von Potsdam. Als einziges blieb das **Schloss Caputh** (Straße der Einheit 2, 14548 Schwielowsee) in relativ originaler frühbarocker Form erhalten. 1671 hatte er es seiner zweiten Gemahlin, Dorothea von Brandenburg, zum Geschenk gemacht. Aus ihrer Zeit der Nutzung ergaben sich die heute noch sichtbaren Formen der Geschosshöhe, der einen kleinen Ehrenhof andeutenden Eckpavillons, der Freitreppe in den Garten und des in den Originalfarben von dunklem und hellem Ocker wiederhergestellten Fassadenschmucks. Vom Ufer des Sees aus bestand eine Sichtbeziehung zum Stadtschloss in Potsdam. Nach Dorotheas Tod ging das Schloss in den Besitz von Kurfürst Friedrich III. über, der es als Jagdschloss repräsentativ neu ausstattete. 1690 schenkte er es seiner Ehefrau Sophie Charlotte, die sich jedoch lieber der Lietzenburg (nach ihrem Tod »Schloss Charlottenburg«) zuwandte. Friedrich Wilhelm I. ließ um 1720 im Untergeschoss mit ca. 7500 holländischen Fayencefliesen den gewölbten **Fliesensaal** ausstatten. Das Vorbild dafür hatte er im Schloss Oranienbaum bei Wörlitz gesehen. Unter Friedrich II. (reg. 1740–86) war das Schloss an eine Färberei/Weberei verpachtet und wechselte mehrfach den Besitzer. 1995 übernahm die Stiftung Preußische Schlösser und Gärten das zuletzt als Berufsschule genutzte Haus und konnte es nach Sanierung 1998 als Museum öffnen. Auch der auf Entwurf von Peter Joseph Lenné zurückgehende Garten sowie das Kavalierhaus wurden wiederhergestellt.

Auf der anderen Straßenseite fällt die üppig gestaltete Giebelfassade der **Dorfkirche Caputh** (Straße der Einheit 1, 14548 Schwielowsee) mit Glockenturm in den Blick: gelbe Ziegel mit Flächen von Putzquaderung und neoromanische Formen. Die Kirche wurde in ihrer Grundstruktur 1690 errichtet. Friedrich Wilhelm IV. ließ sie 1850–52 nach Entwürfen von August Stüler in eine dreischiffige Pfeilerbasilika umbauen. Auf nördlicher Seite ist der Campanile über die Sakristei mit dem Seitenschiff verbunden. Der östlich polygonal angesetzten Apsis entspricht eine kleine rechteckige Vorhalle im Westen.

**Einsteinhaus** (Am Waldrand 17, 14548 Schwielowsee): Die Stadt Berlin beabsichtigte, Albert Einstein zu seinem 50. Geburtstag im Jahr 1929 ein Haus zu schenken. Nachdem dieser mehrere vorgeschlagene, aber letztlich aus unterschiedlichen Gründen wenig geeignete Häuser und Grundstücke ablehnte, endete das erfolglose Vorhaben in einem Skandal, in dessen Folge der berühmte Physiker auf das Geschenk verzichtete und sich selbst zum Erwerb eines am Hang gelegenen Grundstücks in Caputh mit Blick auf die Seenlandschaft entschied. Das mutige Angebot des damals noch unbekannten Konrad Wachsmann (1901–1980) von der Firma Christoph & Unmack AG aus dem sächsischen Niesky, ein Sommerhaus nach Einsteins Bedürfnissen zu entwerfen, führte nicht nur zum Bau eines für die serielle Holzbaukonstruktion wegweisenden Gebäudes, sondern förderte auch die Karriere des jungen Architekten zur Selbständigkeit. Nach nur wenigen Monaten Bauzeit konnte Einstein das Haus im Herbst 1929 beziehen. Es besteht aus einer mit Platten belegten Holzbalkenkonstruktion und ist mit einem Anbau und ziegelgedecktem Walmdach versehen. Das Erscheinungsbild wird maßgeblich durch große französische Fenster mit weißen Klappläden und vertikale Geländerstäbe von Treppe und Dachterrasse der Loggia bestimmt. Einstein bewohnte das beheizbare Haus, abgesehen von Wintertagen, an denen es wirklich kalt wurde. Auf einer Vortragsreise nach Kalifornien 1932 entschied er sich aufgrund der judenfeindlichen Entwicklungen, Deutschland für immer den Rücken zu kehren. Der ebenfalls nach den USA emigrierte Konrad Wachsmann hingegen kam gelegentlich nach Deutschland zurück: So beriet er noch 1979, kurz vor seinem Tod, die Restaurierungsarbeiten am Caputher Sommerhaus.

Petzow

Nur wenige Kilometer südwestlich von Potsdam, an einer schmalen Landzunge zwischen Schwielowsee und Glindower See in sehr reizvoller Umgebung liegt das Dorf Petzow. Im 15. Jh. war es ein Lehen des Zisterzienserklosters Lehnin, im 16. Jh. ging es in den Besitz von Brandenburg.

**Herrenhaus Petzow** (Zelterstraße 5, 14542 Werder/Havel): Seit 1814 war das Gut in den Händen der Familie Kaehne; der Gutsbesitzer und Amtsrat Kaehne wurde 1840 in den Adelsstand erhoben. Es soll eine persönliche Verbindung des Bauherrn zu Karl Friedrich Schinkel bestanden haben. Ob der Architekt 1827 den Umbau des Herrenhauses in gotische Formen aber wirklich begleitete, ist nicht belegt. Vier zinnenbekrönte Rundtürme begrenzen die Ecken eines später erweiterten zweigeschossigen Mittelbaus mit Satteldach und unterschiedlichen Fassaden und Giebelfronten. Während die Hofansicht durch viele Anbauten sehr unruhig wirkt, ist die Gartenseite mit einem klaren Mittelrisalit und dem stark profilierten Hauptgesims sehr symmetrisch ausgeformt. Das über viele Jahre leerstehende Gebäude wird seit 2014 zu einer Wohnanlage umgebaut. Der ausgedehnte Park mit einem Rundweg um den Haussee und kleineren Architekturen ist nach Entwürfen von Peter Joseph Lenné gestaltet worden; er soll für die Öffentlichkeit zugänglich bleiben.

Die in direkter Sichtbeziehung zum Gutshaus stehende **Dorfkirche Petzow** (Fercher Straße 52, 14542 Werder/Havel) ist nicht nur ein architektonischer Blickpunkt, sondern bietet selbst herrliche Aussichten in die Landschaft. Hier ist die Urheberschaft des Entwurfs von Karl Friedrich Schinkel gesichert: Er entwarf den Bau zunächst für einen Ort im Gutspark, der architekturambitionierte König Friedrich Wilhelm IV. wünschte die Kirche jedoch hoch auf dem Grellberg mit einigen Veränderungen. Der Bau erfolgte 1841/42 unter Verwendung der in der Gegend hergestellten farblich unterschiedlichen Ziegel. Das einfache Kirchenschiff unter flachem Satteldach hat östlich eine durch Zwerchgalerie verblendete Apsis und ist im Westen über eine Bogenhalle mit dem vorgestellten Turm verbunden. Verwendete Rundbogenformen geben dem Gebäude eine neoromanische Stilrichtung. Nach gründlicher Sanierung bis 1994 wird die Kirche heute für Konzerte, Ausstellungen und standesamtliche Trauungen genutzt.

## Paretz

Als der Kronprinz Friedrich Wilhelm (III.) im Januar 1797 das ca. 20 km nordwestlich von Potsdam gelegene Paretz erwarb, gab er die Gestaltung eines Musterguts in die Hände des Landbaumeisters David Gilly, der das Kronprinzenpaar schon durch einen Umbau von Gut Steinhöfel bei Fürstenwalde beeindruckt hatte. In Paretz entstanden neben einem frühklassizistischen Schloss mit ausgedehntem Park insbesondere nach der Thronbesteigung Ende 1797 weitere Bauten, die in ihrer Gesamtheit das damit neu erstandene Dorf zu einem Mustergut werden ließen. Die architektonische Durchgestaltung des Ortes hatte hohen ästhetischen Anspruch, der dem königlichen Sommersitz eine angemessene Kulisse bot. Andererseits sollte hier moderne Landwirtschaft betrieben werden, für die das in bürgerlichem Stil lebende Königspaar interessierte Anteilnahme zeigte.

**Schloss Paretz** (Parkring 1, 14669 Ketzin): Treffender wäre der Begriff des Landhauses. Der 60 m lange, zweigeschossige Bau besticht durch für die Zeit ungewöhnliche Schlichtheit. Auf Hof- und Gartenseite zeigt das Gebäude neben Seitenrisaliten sparsame geometrische Formen im Mittelrisalit, wobei die straßenseitig gepflanzten Pyramidenpappeln das Haus besonders betonen. Die Inneneinrichtung des Schlosses entsprach dem bürgerlichen Klassizismus. Nach dem Tod des Königs 1840 blieben die Räume bis 1945 nahezu unversehrt, doch in der Zeit um 1945 ging das Mobiliar u. a. unter der Besetzung der Sowjetarmee vollständig verloren. Einige der kostbaren, nach chinesischen und französischen Mustern in Berliner Manufakturen hergestellten **Papiertapeten** konnten 1947 gesichert und deponiert werden. Als das Land Brandenburg das in der DDR-Zeit als Landwirtschaftsschule genutzte Schloss 1999–2001 umfänglich restaurierte, konnten auch die außergewöhnlichen Tapeten durch Mittel der Cornelsen-Kulturstiftung wiederhergestellt werden. Neben dem Schloss ist auch ein in der Remise eingerichtetes **Kutschenmuseum** öffentlich zugänglich. Der das Schloss unmittelbar umgebende flache Schlossgarten war mit einem Japanischen Haus, einer Tempelruine und einer Grotte ausgestattet – doch alle diese Strukturen sind verloren. Eine gerade Sichtbeziehung führt direkt durch den Gartensaal und setzt sich südlich über den Kirchgarten fort. Dieser orientiert sich am englischen Landschaftsgarten und bezieht in leicht welliger Hügellandschaft architektonische Sichtpunkte ein.

Die **Dorfkirche Paretz** (Parkring 7, 14669 Ketzin) hat ihren Ursprung im Mittelalter. Im Chorbereich sind Malereien aus dem 14. Jh. erhalten geblieben. Der Turm stammt von 1700. David Gilly überformte das Gebäude 1797/98 u. a. mit einem Bohlenbinderdach, wie er es oft verwendete. Die neogotischen Formen gehen vermutlich auf zeitgleiche Entwürfe durch Valentin von Massow und Martin Friedrich Rabe zurück. Passend zum südlichen Raum des Kirchenschiffs (ehemals Leichenhalle) fügte man als Pendant im Norden die Königsloge an; ersteren nutzte man als Sakristei. 1856/57 erhielt die Kirche zwei zusätzliche Fenster nach Entwürfen von August Stüler. Verschiedene Umbauten und Restaurierungen folgten, die letzte im Inneren wurde 2010 vollendet und zum 200. Todestag Königin Luises übergeben. Diagonal durch den Kirchgarten fällt der Blick ganz im Sinne der Staffagebauten in der Landschaftsarchitektur auf das **Gotische Haus** von 1803. In dem heute als Restaurant dienenden Gebäude befand sich im 19. Jh. eine Schmiede.

David Gilly hatte den Auftrag, das *gesamte* Dorf zu gestalten, u. a. mit Amtshaus, Spritzenhaus, Mehlwaage und einer großen Gutsscheune. Ganz besonders große Bedeutung dabei haben allerdings die entstandenen **Bauernhöfe**, von denen einige noch in ihrer Grundstruktur zu erkennen sind. Sowohl die Wohn- als auch Wirtschaftsgebäude wurden insbesondere in den Giebelbereichen mit sorgfältig strukturierten Fassaden gestaltet. Dabei kamen Vorlagen zur Anwendung, die geometrische Formen betonten und damit auf die Mitwirkung von Friedrich Gilly (1772–1800) hinweisen. Der Sohn des Landbaumeisters und wegweisende Lehrer für Karl Friedrich Schinkel hatte großes Interesse an den Strömungen französischer Revolutionsarchitektur, die den Übergang vom Barock zum Klassizismus mit einfachen Formen markierten.

# Museen

**Belvedere auf dem Pfingstberg** (siehe Übersichtskarte): siehe S. 125. Potsdams beste Aussicht; Kulturevents im Innenhof während des Sommers. www.spsg.de

**Bildergalerie** (I D3): französische, flämische und italienische Malerei des 17. und 18. Jh.s. Zum Bau siehe S. 77. www.spsg.de

**Biosphäre** (Georg-Hermann-Allee 99, siehe Übersichtskarte): siehe S. 117.
Halle mit Dschungellandschaft, Tropenpflanzen, 160 Tierarten (u. a. Schmetterlinge). www.biosphaere-potsdam.de

**Botanischer Garten der Universität** (mit Paradeisgärtl, II B3): siehe S. 101. Neun Schaugewächshäuser, Freiflächen, Sammlungen. www.uni-potsdam.de/de/botanischer-garten/

**Chinesisches Haus** (II C3): siehe S. 86. www.spsg.de

**»DAS MINSK«: Museum für Kunst der DDR** (siehe Übersichtskarte): siehe S. 71. Zur Zeit der Drucklegung noch im Umbau.

**Einsteinturm** (siehe Übersichtskarte): siehe S. 73. Sonnenobservatorium, Führungen über www.urania-potsdam.de

**Extavium** (I F4): interaktives experimentelles Lernen, Wissenschaftsmuseum für Kinder und Erwachsene. www.extavium.de

**Filmmuseum** (I F4): siehe S. 49. Dauer- und Wechselausstellungen zur Filmgeschichte mit Programmkino. www.filmmuseum-potsdam.de

**Filmpark** (Großbeerenstraße 200, siehe Übersichtskarte): Erlebnispark rund um Kino und Filmgeschichte mit Action-Attraktionen. www.filmpark-babelsberg.de

**Flatowturm** (III I3): siehe S. 150. Aussichtsturm und Ausstellung. www.spsg.de

**Gedenkstätte Leistikowstraße 1** (III F1): siehe S. 128. Historischer Ort aus der Zeit des KGB; Ausstellung zu Geschichte und Zeitzeugen. www.leistikowstrasse-sbg.de

**Haus der Brandenburgisch-Preußischen Geschichte** (mit Kutschstall, I F4): zum Bau siehe S. 52. Wechselausstellungen, Veranstaltungen. www.hbpg.de/home.html

**Historische Mühle von Sanssouci** (II C3): siehe S. 97. Mühlenmuseum mit funktionierendem Mahlwerk. www.historische-muehle-potsdam.de

**Jan Bouman Haus** (I F3): Museum zum Holländischen Viertel (S. 64) und dem Baumeister Jan Bouman. www.jan-bouman-haus.de

**Kutschenmuseum** (Schlossremise Paretz, Parkring 1, 14669 Paretz/Ketzin): Die Ausstellung zeigt Kutschen, Schlitten, Sänften und andere Transportmittel aus dem 17. und 18. Jh. www.spsg.de

**Lepsiushaus** (Große Weinmeisterstraße 45): Forschungs- und Begegnungshaus zur Gewaltgeschichte gegen die Armenier im 20. Jh. www.lepsiushaus-potsdam.de

**Marmorpalais** (III G1): siehe S. 133. Schlossmuseum des Frühklassizismus. www.spsg.de

**Museum Alexandrowka** (Russische Kolonie 2, II E1): Geschichte der Russischen Kolonie Alexandrowka (siehe S. 120). www.alexandrowka.de

**Museum Barberini** (I F4): siehe S. 47. Kunstausstellungen, hauptsächlich Impressionismus. www.museum-barberini.com

**Museum FLUXUS+** (III G3): siehe S. 140. Wechselausstellungen zeitgenössischer Kunst. www.fluxus-plus.de/home.html

**Museum Villa Schöningen** (III I1): siehe S. 143. Ausstellung zur Geschichte des Ortes und der Deutschen Teilung;

Wechselausstellungen zu zeitgenössischer Kunst. www.villa-schoeningen.de

**Museumshaus »Im Güldenen Arm«** (I E3): siehe S. 64. Wechselausstellungen des Potsdam Museum und bildende Kunst. www.imgueldenenarm.de

**Naturkundemuseum** (I E4): Museum zur Tier- und Pflanzenwelt Brandenburgs; Aquarium. www.naturkunde museum-potsdam.de

**Neue Kammern** (II C3): siehe S. 84. Schlossmuseum im Gästehaus Friedrichs II. www.spsg.de

**Neues Palais** (II A3): siehe S. 88. Schlossmuseum. www.spsg.de

**Normannischer Turm auf dem Ruinenberg** (II D2): Aussichtsturm; zum Ruinenberg siehe S. 83. www.spsg.de

**Potsdam Museum – Forum für Kunst und Geschichte** (I F4): siehe S. 46. Ständige Ausstellung zur Geschichte Potsdams; Wechselausstellungen zu bildender Kunst. www.potsdam-museum.de

**Römische Bäder** (II B4): siehe S. 108. Museum zum 19. Jh.; Wechselausstellungen im Gärtnerhaus. www.spsg.de

**Sammlung Filmmuseum Potsdam** (Marlene-Dietrich-Allee 12a): siehe S. 154 f. Schaudepot. www.filmmuseum-potsdam.de

**Schloss Babelsberg** (III I2): siehe S. 147. Schlossmuseum zum 19. Jh. www.spsg.de

**Schloss Cecilienhof** (siehe Übersichtskarte): siehe S. 137. Schlossmuseum; Gedenkstätte Potsdamer Abkommen. www.spsg.de

**Schloss Charlottenhof** (II B4): siehe S. 106. Schlossmuseum zum 19. Jh. www.spsg.de

**Schloss Sanssouci** (I C/D3): siehe S. 79. Schlossmuseum zum 18. Jh. www.spsg.de

**Stiftung Gedenkstätte Lindenstraße** (I E3): siehe S. 69.

Historischer Ort als Untersuchungsgefängnis der Staatssicherheit. www.gedenkstaette-lindenstrasse.de

**Stiftung Preußische Schlösser und Gärten** (Am Grünen
Gitter 2, I D3): Generaladresse für alle Häuser: www.spsg.
de; Informationen nicht nur über die Schlösser und Gärten
der Stadt sowie darüber hinaus, sondern auch über Tickets,
Kombitickets und Ermäßigungen erhalten Besucher zudem
in zwei Besucherzentren, siehe S. 91 und 97. Führungen
können auch gebucht werden per E-Mail an gruppenservice
@spsg.de oder per Telefon: 0331 96 94-222, Tickets auch per
E-Mail an shop@spsg.de. Für die Bibliothek, die Fotothek
sowie diverse Archive siehe den Forschungsbereich auf der
Homepage: www.spsg.de/forschung-sammlungen/
bibliothek-fotothek-archive/

**Urania Planetarium** (I F3): Führungen durch den virtuellen
Sternenhimmel. www.urania-planetarium.de

**Weberstube Nowawes** (III I4): Museum zur Geschichte
von Neuendorf, Nowawes und Babelsberg (siehe S. 151 ff.).
www.weberstube-nowawes.de

# Nachweis der Karten und Abbildungen

HüttenWerke: Karten S. 38 f., 180–183 und in den Umschlagklappen; »Potsdam, Park Sanssouci, Blick über die Terrassen auf das Schloss« / Stiftung Preußische Schlösser und Gärten Berlin-Brandenburg / Foto: Reinhardt & Sommer, Potsdam: S. 2 f.; Karl Christian Wilhelm Baron: *Alter Markt in Potsdam mit Blick auf das Rathaus*, GK I 5753 / Stiftung Preußische Schlösser und Gärten Berlin-Brandenburg / Foto: Klaus Bergmann: S. 15; »Potsdam, Park Sanssouci, Orangerieschloss, Blick aus südöstlicher Richtung« / Stiftung Preußische Schlösser und Gärten Berlin-Brandenburg / Foto: Reinhardt & Sommer, Potsdam: S. 29; »Potsdam, Park Sanssouci, Chinesisches Haus, Ostansicht« / Stiftung Preußische Schlösser und Gärten Berlin-Brandenburg / Foto: Hans Bach: S. 37; akg-images/arkivi: S. 43; CC BY-SA 4.0 / Konstantindegeer: S. 45; akg-images: S. 53; CC BY-SA 3.0 / Avda / www.avda-foto.de: S. 63; IMAGO/imagebroker/Kröger: S. 65; mauritius images / age fotostock / Giulio Andreini: S. 68; Astrophysikalisches Institut Potsdam: S. 74; »Potsdam, Park Sanssouci, Neue Kammern, Ovidgalerie, R. 179« / Stiftung Preußische Schlösser und Gärten Berlin-Brandenburg / Foto: Celia Rogge: S. 85; CC BY-SA 3.0 DE / Karl-Heinz Meurer: S. 93; »Potsdam, Park Sanssouci, Orangerieschloss, Raffaelsaal, R. 1« / Stiftung Preußische Schlösser und Gärten Berlin-Brandenburg / Foto: Celia Rogge: S. 101; »Potsdam, Dampfmaschinenhaus (Moschee), Blick von der Wasserseite« / Stiftung Preußische Schlösser und Gärten Berlin-Brandenburg / Foto: Rose Hajdu: S. 109; CC BY-SA 4.0 / Mrsklonk: S. 121; »Potsdam, Pfingstberg, Belvedere, Blick von Süden, im Vordergrund der Pomonatempel« / Stiftung Preußische Schlösser und Gärten Berlin-Brandenburg / Foto: Reinhardt & Sommer, Potsdam: S. 126; »Potsdam, Schloss Babelsberg« / Stiftung Preußische Schlösser und Gärten Berlin-Brandenburg / Foto: Hans Bach: S. 148; Karin Flegel: S. 158, 164.

**F** Gedenkstätte Leistikowstraße

**Nauener Vorstadt**

Pyramide Eiskeller

*Neuer Garten*

Marmorpalais
Obelisk
Orangerie
Schlossküche

Holländisches Etablissement

Große Weinmeisterstr.
Am Neuen Garten

**G** Hasengraben

Böcklinstr.
straße

Ludwig-Richter-Str.

*Heiliger See*

**Berliner Vorstadt**

**H** Kongsnæs
Schwanenallee
Menzestr.

Schönin
Ehem. NITAG-Tankstelle
Ehem. Wasser baudirektion.
Kurmark

Straße
Villa Ernst von Bergmann

B.-v.-Suttner-S. Garten
Behlertstr.

Gotische Bibliothek

Mangerstraße

Ehem. Landeszentral-bank
Villa Tummeley

Berliner

*Tiefer See*

**KARTE I**

Kurfürstenstraße

Behlertstr.

Villa Ritz

Kulturstandort Schiffbauergasse
Hans-Otto-Theater

Matrose haus
Fla
t

Museum FLUXUS+

Berliner Str.

Humboldt-brücke

Strandbad

*Kindermann see*

Am Kanal

Gr. Fischerstr.

Havel
Nuthe

Humboldtring

**1**

**Freundschafts-insel**

ehem. Heilig-Geist-Kirche

*Nuthe-park*

H.-Marchwitza-

straße

Humboldtring

Ring

Lotte-Pulewka-Str.

**Babels-** berger **Str.**

Havel

**Babels-Hauptbahnhof**

**1** Friedrich-List-Str.

Wiesenstr.

**Park Glienicke**

Volksparkteich

Glienicker Brücke

Schloss Glienicke
König-

straße

**E**

Glienicke Lake

Wiesenteich
Jagdschloss-
park

Klein-Glienicker
Kapelle

pffmeyer

Jagdschloss Glienicke

**Klein Glienicke**

Louis-
Wald-
müllerstr.

Nathan-Allee

Wannseestr.

Schweizer-
häuser

Maschinen-
haus

Schloss Babelsberg/
Voltaire-Terrassen

**Griebnitzsee**

Pförtnerhaus

eines
hloss

Küchenhaus

Karl-

Haus Riehl

Villa Mosler

**Park**

Sternwarte
Babelsberg

Villa Herpich/
Stalin-Villa

Villa Sarre

Mark-

hts-
be

**Babelsberg**

Babelsberg

An der Sternwarte

nach

Landhaus
Gugenheim

Rosa-

Luxemburg-

Straße

**3**

Str.

Hermann- straße

Maaß-

Str.

**Neu-
babelsberg**

Allee

**Babelsberg-
Nord**

Straße

Bürgel-

Filehnerstr.

Donarstr.

Bruno-

Behring-

Scheffelstr.

Dom-

str.

Grenzstr.

Semmelweisstr.

Nowawes

Pasteurstr.

Turnstr.

Karl-Gruhl-Str.

**St. Antonius**

Plantagenstr.

Goethestr.

Friedhof
Goethestraße

Fontanestr.

**4**

Tuchmacherstr.

Liebknechtstr.

Lessingstr.

Garnstr.

Karl-

**Friedrichskirche**

Weber-
platz

Wichgrafstr.

**Weberstube
Nowawes**

erlinhaus

**Kulturhaus
Babelsberg**

Straße

Benzstr.

Babelsberg

Breitscheid-

**5**

**KARTE III
Potsdam – Ost**

0   200   400   600   800   1000 m

# KARTE IV
## Potsdam – Übersicht

0   500   1000   1500   2000 m

Nedlitz

Jungfern

Nedlitzer Str.

Villa Jacobs

Villa Gutmann

Me

Amundsenstraße

Volks-
park
Potsdam

Belvedere
auf dem
Pfingstberg

Borke
küch

Karl-Foerster-
Garten

Bornim

Bornstedter
Feld

Biosphäre   Pfingstberg

Villa
Henckel

Sc
Cecilie

Potsdamer Str.

Paretz

Pomonatempel

KARTE II

Katharinen-
holz

273

Nauener
Vorstadt

Ner
Garte

Bornstedt

Born-
stedter
See

Ruinenberg

Klausberg

Jägervorstadt

KARTE I

2

Park
Sanssouci

Brandenburger
Vorstadt

1   POTSDAM

Maschinen-
teich

Havel

Havel

Potsdam
West

1

Schwimmbad „Blu"

Ehem. Königlich-
Preußische Kriegsschule

Museu
DAS MI

Vorder-
kappe

Zeppelinstraße

Havel

Templiner
Vorstadt

Leipziger Str.

Brauhaus-
berg

Fri

Wild-
park

Hinter-
kappe

Wissenschaftspark
Albert Einstein

Petzow

Luftschiffhafen

Telegraphe

Regattahaus,
Musikpavillon

Caputh

Einsteinturm

# Weiterführende Informationen

## Literatur

Architrav e. V. / Sander, Thomas (Hrsg.): Reinhold Mohr. Ein Architekt der Moderne. Potsdam 2009.

Bohle-Heinzenberg, Sabine / Hamm, Manfred: Architektur & Schönheit. Die Schinkelschule in Berlin und Brandenburg. Berlin 1997.

– Die Berliner Vorstadt. Geschichte und Architektur eines Potsdamer Stadtteils. Berlin ²1997.

Börsch-Supan, Eva: Berliner Baukunst nach Schinkel. 1840–1870. München 1977.

Bröcker, Ulrike: Die Potsdamer Vorstädte 1861–1900. Von der Turmvilla zum Mietwohnhaus. Worms 2004.

Brönner, Wolfgang / Strauss, Jürgen: Bürgerliche Villen in Potsdam. Potsdam 2000.

Fick, Astrid: Potsdam, Berlin, Bayreuth. Carl Philipp Christian von Gontard (1731–1791) und seine bürgerlichen Wohnhäuser, Immediatbauten und Stadtpalais. Petersberg 2000.

Fontane, Theodor: Wanderungen durch die Mark Brandenburg. Bd. 3. Hrsg. von Gotthard Erler und Rudolf Mingau. Berlin 2012.

Giersberg, Hans-Joachim: Das Potsdamer Stadtschloß. Potsdam 1998.

Götzmann, Jutta (Hrsg.): Friedrich und Potsdam. Die Erfindung (s)einer Stadt. Potsdam 2012.

Gülzow, Albrecht / Herrmann, Peter: Der Potsdamer Stadtkanal. Potsdam 1997.

Hüneke, Saskia (Hrsg.): Bauten und Bildwerke im Park Sanssouci. Amtlicher Führer. Potsdam ²2002.

Johannsen, Rolf H.: Friedrich Wilhelm IV. von Preußen. Von Borneo nach Rom. Sanssouci und die Residenzprojekte 1814 bis 1848. Kiel 2007.

Karl Friedrich Schinkel. Führer zu seinen Bauten.

– Bd. 1: Berlin und Potsdam. Hrsg. von Johannes Cramer, Ulrike Laible und Hans Dieter Nägelke. München/Berlin ²2006.

– Bd. II: Von Aachen bis Sankt Petersburg. Hrsg. von Andreas Bernhard. München/Berlin ²2006.

Keil, Uta: Architekturführer Potsdam. Berlin 2015.

Kitschke, Andreas (Hrsg.): Ludwig Ferdinand Hesse. Hofarchitekt unter drei Preußischen Königen. München/Berlin 2007.

Kitschke, Andreas: Die Kirchen der Potsdamer Kulturlandschaft. Berlin 2017.

Klusemann, Christian (Hrsg.): Das andere Potsdam. DDR Architekturführer. 26 Bauten und Ensembles aus den Jahren 1949–1990. Berlin 2016.

Limberg, Jörg: Die Villen- und Landhauskolonie Neubabelsberg. In: Brandenburgische Denkmalpflege 2 (1993) H. 1. S. 42–50.

Marr, Matthias: Das Dorf Paretz. DKV-Kunstführer Nr. 629/5. München/Berlin 2005.

Metropolar (Hrsg.): Und der Zukunft zugewandt. Potsdam und der gebaute Sozialismus. Potsdam 2011.

Museum Alexandrowka (Hrsg.): Die Geschichte der Kolonie Alexandrowka von der Entstehung bis zur Gegenwart. Potsdam 2005.

Paschke, Ralph: Die Bauten der »Deutschen Bioscop«, »Ufa« und »DEFA« in Neubabelsberg. In: Brandenburgische Denkmalpflege 2 (1993) H. 1. S. 51–59.

Postcolonial Potsdam: Fung Asseng und Fung Ahok. Zwei Chinesen in Potsdam im 19. Jahrhundert. Online: postcolonialpotsdam. org/2020/08/01/fung-asseng-und-fung-ahok-zwei-chinesen-in-potsdam/ [zuletzt aufgerufen am 28. 10. 2021].

Riley, Terence / Bergdoll, Barry (Hrsg.): Mies in Berlin. Ludwig Mies van der Rohe. Die Berliner Jahre 1907–1938. München /London / New York 2001.

Rohde, Michael (Hrsg.): Preußische Gärten in Europa. 300 Jahre Gartengeschichte. Leipzig 2007.

Sigel, Paul / Dähmlow, Silke / Seehausen, Frank / Elmenhorst, Lucas: Architekturführer Potsdam. Architectural Guide to Potsdam. Berlin 2006.

SPSG (Hrsg.): Potsdamer Schlösser und Gärten. Bau- und Gartenkunst vom 17. bis 20. Jahrhundert. Potsdam 1993.

– Friedrich Wilhelm IV. Künstler und König. Zum 200. Geburtstag. Potsdam 1995.
– Friedrich August Stüler und Potsdam. Der »Architekt des Königs« Friedrich Wilhelm IV. Potsdam 2000.
– Die Pfaueninsel. Potsdam ²2000.
– Nichts gedeiht ohne Pflege. Die Potsdamer Parklandschaft und ihre Gärtner. Berlin 2001.
– Ludwig Persius. Architekt des Königs. Baukunst unter Friedrich Wilhelm IV. Architekturführer. Potsdam 2003.
– Schloss und Park Glienicke. Berlin/München 2011.
Wendland, Christian: Georg Christian Unger. Baumeister Friedrichs des Großen in Potsdam und Berlin. Potsdam 2002.

## Internetseiten

Für Informationen über Sehenswürdigkeiten mit Adressen, Öffnungszeiten etc. sowie über Kulturveranstaltungen:

www.potsdam.de/kategorie/potsdam-entdecken
www.potsdamtourismus.de/potsdam-entdecken
www.spsg.de

Siehe auch die Internetseiten zu einzelnen Veranstaltungen und Museen auf S. 34 f. bzw. 175 ff.

# Register

# Zur Autorin

KARIN FLEGEL wurde 1960 in Leipzig geboren. Nach einem naturwissenschaftlichen Studium arbeitete sie in einem Institut auf dem Potsdamer Telegraphenberg in der Forschung zur Herstellung von Industriediamanten. Neben der Erziehung von vier Kindern folgten ein Architekturstudium mit Schwerpunkt Architekturgeschichte und Denkmalpflege sowie Tätigkeiten beim Sanierungsträger Potsdam zu Themen der Stadtsanierung. In der Veranstaltungsreihe »Musik und Architektur« mit dem Persius Ensemble hielt sie verschiedene Vorträge zur Architektur der jeweiligen Aufführungsorte. Seit 2000 erfüllt sie einen Lehrauftrag an der Fachhochschule Potsdam für das Fach Architektur- und Stadtbaugeschichte von Potsdam, seit 2011 in einer Honorarprofessur. Seit 2001 ist Karin Flegel hauptberuflich Geschäftsführerin des Urania »Wilhelm Foerster« Potsdam e. V., hält Vorträge und begleitet viele Exkursionen zu Themen der Architektur durch ganz Europa.